Das Reitabzeichen-Rätsel-Spiel

Das Spielfeld ist ganz vorne im Buch. Die Fragekarten findet ihr weiter hinten. Ihr könnt sie herauslösen und nach der Zahlenfolge sortieren. Das Spielfeld zeigt einen Springparcours mit vielen verschiedenen Sprüngen. Vielleicht kennt ihr schon das eine oder andere Hindernis?

DIE REGELN

• Für dieses Spiel benötigt ihr Spielfiguren für jeden Mitspieler und einen Würfel.

• Stellt die Spielfiguren vor das Feld mit der Nummer eins. Die Rätsel-Karten legt ihr auf einen Stapel auf den Dressurplatz im Spielfeld. Die Frage-Karte mit der eins kommt nach oben, die anderen in der Zahlenfolge darunter.

• Die jüngste Spielerin beginnt, würfelt und bewegt ihre Spielfigur um die Würfelzahl vor. Ihre rechte Nachbarin nimmt die Rätselkarte mit der Zahl des Spielfeldes und liest die Frage vor.

• Hat die Spielerin die Frage richtig beantwortet, ist die nächste Spielerin an der Reihe. Wurde die Frage falsch beantwortet, wird die Spielfigur auf das Feld des vorherigen Hindernisses zurückgestellt und die nächste Spielerin ist dran.

• Kommt eine Spielerin auf ein schon belegtes Zahlenfeld, zieht sie auf das nächste freie Feld dahinter und beantwortet die dazugehörige Frage.

• Die Spielerin, die es als Erste schafft, das Ziel zu erreichen, gewinnt! Aber alle Spieler sind am Ende des Spiels sehr gut vorbereitet für die Reitabzeichen-Prüfung. Viel Glück!

Kerstin Niemann

Meine ersten Reitabzeichen

So klappt die Prüfung mit Spiel und Spaß

INHALTSVERZEICHNIS

Den **Spielplan** und die **Spielanleitung** findest du vorne im Buch, die dazugehörigen **Lernkarten** auf den letzten Seiten.

Die **Lösungen für die Rätsel** sind auf **Seite 79** aufgelistet.

PFERDE UND PONYS

HIER LERNST DU ...

PRÜFUNGSWISSEN

❖ Pferdetypen

❖ Wichtige Pony- und Pferderassen weltweit

❖ Rekorde aus der Pferdewelt

❖ Fellfarben und ihre Bezeichnungen

❖ Abzeichen am Kopf und an den Beinen

Findest du auch, dass Pferde etwas ganz Besonderes sind? Sie haben so tolle große Augen, ihr Fell ist kuschelig und riecht richtig gut. Wenn du Glück hast, wiehert dir ein Pferd sogar zu. Wenn sie zufrieden auf der Weide ihr Gras fressen oder in der Herde aufgeregt herumgaloppieren, wenn man in der Reitbahn ihr gleichmäßiges Schnauben hört, dann fühlt man sich bei ihrem Anblick und in ihrer Gesellschaft einfach wohl, oder?

Was ist ein Pony?

Das Einzige, was ein Pferd von einem Pony unterscheidet, ist die Größe: Ponys sind die kleinen Vierbeiner, bis 1,48 Meter groß dürfen sie sein. Wenn ein Pony größer ist als 1,48 Meter, gilt es als Pferd. Übrigens: Die Größe eines Pferdes wird am Widerrist gemessen, also dort, wo der Hals zuende ist und der Rücken anfängt.

STOCKMASS

Die älteste **Pferderasse** ist das arabische Vollblut – sie werden seit über 1000 Jahren gezüchtet.

Pferde- und Ponyrassen

Wie viele Pony- und Pferderassen es auf der Welt gibt, weiß niemand so ganz genau, weil sie noch keiner gezählt hat, also muss man den Schätzungen von Experten glauben. Die sagen, dass es ungefähr 200 bis 250 verschiedene Pferde- und rund 70 verschiedene Ponyrassen gibt. Ganz schön viele ... Und weil man nicht weiß, wie viele Rassen es insgesamt gibt, weiß man natürlich auch nicht so genau, wie viele Pferde es insgesamt auf der Welt gibt.

Eine Rasse, die in Amerika sehr beliebt ist, ist das „Quarter Horse" – von diesen Pferden soll es ungefähr 4,5 Millionen geben. Und in Deutschland, so schätzt man, leben ungefähr eine Million verschiedene Pferde und Ponys.

Beliebt: Haflinger

Manche Pferde einer Rasse sehen sich unglaublich ähnlich, zum Beispiel gibt es Ponys, die alle ein hellbraunes Fell, einen weißen Schweif und eine weiße Mähne haben. Diese Rasse heißt Haflinger und stammt aus Österreich.

Haflinger

PFERDE-RASSEN

Pferdetypen

Die vielen Rassen, die es gibt, lassen sich in vier unterschiedliche Typen einteilen, die du ganz schnell voneinander unterscheiden kannst: Die Typen heißen Vollblüter, Warmblüter, Kaltblüter und Ponys. Vollblüter, Warmblüter und Kaltblüter sind immer größer als 1,48 Meter, das weißt du ja schon. Vollblüter hast du vielleicht schon mal in einem Film gesehen, das sind oft Rennpferde, die zwar groß, aber ganz fein und zart gebaut sind und oft sehr temperamentvoll sind – darum werden sie auch hauptsächlich im Rennsport, nicht aber in einer Reitschule eingesetzt. Warmblüter sind alle anderen großen Pferde, davon gibt es bestimmt in deinem Stall auch ganz viele. Und dann sind da noch diese ganz großen, schweren, dicken Tiere, die zum Beispiel vor der Kutsche gehen und große Ausflugs- oder Bierkutschen ziehen. Das sind die Kaltblüter.

Pony

Warmblut

Fjordpferd

Die größte Kaltblüter-Rasse sind die „Shire Horses", sie können über zwei Meter groß werden und wiegen ungefähr so viel wie ein Auto: 1.200 Kilogramm, das ist doppelt so viel wie ein Warmblut wiegt!

Shetlandpony

Araberfohlen

REKORDE

Das älteste Pony

Das älteste Pony, über das wir etwas wissen, wurde 56 Jahre alt und kam aus England. Ein englischer Züchter rühmt sich außerdem, das älteste Pferd auf seiner Weide gehabt zu haben: Das wurde sogar 62 Jahre alt! Die meisten Ponys werden ungefähr 25 bis 30 Jahre alt.

Das kleinste Pony

Little Pumpkin heißt auf Deutsch „kleiner Kürbis" – so wurde das Falabella-Pony gerufen, das nur 35,5 Zentimeter groß war und gerade mal neun Kilogramm wog – ungefähr so viel wie ein Schulranzen in der dritten Klasse.

Das größte Pferd

Die größte Rasse kennst du ja schon, das sind die Shire Horses aus England. Aus dieser Rasse kommt auch das größte Pferd der Welt: Es hieß Sampson und war 2,19 Meter groß.

Das schnellste Pferd

Ein Rennpferd ist das schnellste Pferd der Welt, und es kommt aus Deutschland: Danedream heißt die Stute, die fast 60 Stundenkilometer schnell galoppieren kann. Damit würde sie auf einer Straße in deinem Dorf oder deiner Stadt übrigens einen Strafzettel bekommen, denn da darf man nur 50 Stundenkilometer schnell fahren!

Der höchste Sprung

Manche Pferde können weit höher springen als sie groß sind – das höchste Hindernis, das ein Pferd unter dem Reiter jemals überwand, war 2,47 Meter hoch! Bei Weltmeisterschaften sind die Hindernisse für Springpferde höchstens 1,60 Meter hoch.

Das teuerste Pferd

Für Rennpferde wird am meisten Geld bezahlt. Lange galt der irische Hengst Seattle Dancer als teuerstes Pferd der Welt. 16 Millionen Dollar, das sind ungefähr 12 Millionen Euro. So viel oder sogar noch mehr soll auch das teuerste Dressurpferd der Welt gekostet haben: Totilas, ein Pferd, das in Deutschland lebt.

ABZEICHEN

Hinterfuß halb weiß

Krone weiß

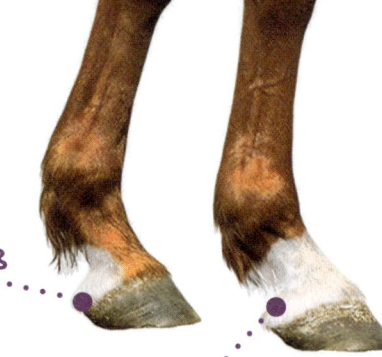

Ballen weiß

Fessel weiß

Abzeichen an den Beinen

Viele Pferde haben weiße Abzeichen an den Beinen. Manchmal sind das nur kleine Flecke, manchmal reicht das weiße Fell bis weit nach oben am Bein hinauf.

Die Bezeichnungen dafür richten sich nach den Namen für die Teile des Beines wie Krone, Ballen, Fessel, Vorder- oder Hinterfuß.

Beliebte Ponyrassen

Ponys erkennst du auf Anhieb, weil das die kleinen Pferde unter 1,48 Meter sind. Die kleinste Ponyrasse ist das Falabella-Pony, das 65 Zentimeter groß ist und nur rund 90 Kilogramm wiegt.

Die beliebteste Ponyrasse in Deutschland ist das „Deutsche Reitpony", aber auch Shetlandponys, Isländer, Haflinger und Welsh-Ponys findest du fast in jedem Reitstall. Frag doch mal in deinem Stall, welche Ponyrassen es dort gibt!

Ein Schimmel – was ist das?

Wenn du auf dem Reiterhof ein Pony von der Weide holen sollst, dann sagt deine Reitlehrerin vielleicht zu dir: „Du nimmst heute den Schimmel!" – Das heißt natürlich nicht, dass

dein Pony verschimmelt oder alt ist, sondern das ist eine Farb-Bezeichnung bei Ponys und Pferden.

➔ **So erkennst du ein Kaltblutpferd**

- Sie sind groß und kräftig
- Sie haben an den Beinen langes Puschelfell
- Sie werden als Zugpferde eingesetzt, z. B. vor dem Pflug und im Wald beim Bäumerücken

Die Abzeichen ...

... am Kopf sind bei jedem Pferd anders geformt. Manche Pferde haben gar keine Abzeichen. Die Namen dafür sind Flocke, Stern, Blesse, Schnippe oder Laterne.

1 Flocke

2 Stern

3 Keil-Stern

4 Blesse

5 Schnippe

6 Laterne

TIPP

Schau doch mal auf die Weide oder in den Stall, vielleicht gemeinsam mit einer Freundin. Erkennst du die Farben der Pferde, gibt es bei dir im Stall auch Schecken? Wie viele Pferde und wie viele Ponys kannst du finden? Ist vielleicht auch ein Haflinger dabei?

Rätsel

Pony-Kreuzworträtsell

1 Wie heißen Ponys oder Pferde, die zwei verschiedene Fellfarben haben?

2 Wie heißt die Stelle am Pferdebein direkt über dem Huf?

3 Davon gibt es ungefähr 70 auf der Welt, sie sind alle kleiner als 1,48 Meter.

4 Wenn ein Pferd schwarzes Fell hat, nennt man es auch ...

5 Die kleinste Ponyrasse der Welt ist so klein, dass man darauf kaum reiten kann. Wie heißt sie?

6 Diese Ponyrasse ist besonders beliebt – unter anderem, weil die weiße Mähne und der weiße Schweif so hübsch sind!

7 Er ist grau, hat lange Ohren und ist kein Pferd. Gemeint ist ein ...

Pferdefarbenrätsel

Fünf Farbbezeichnungen solltest du kennen, dann wirst du fast jedes Pony sofort auf der Weide oder im Stall finden: Schimmel (weißes Pferd), Rappe (schwarzes Pferd), Fuchs (hellbraunes Pferd, dessen Mähne und Schweif genau dieselbe hellbraune Farbe haben), Brauner (braunes Pferd mit schwarzer Mähne und schwarzem Schweif) und schließlich noch der Schecke, der verschieden große Farbflecken in Schwarz oder Braun auf weißem Fell hat.

A

B

C

D

E

DAS VERHALTEN DER PFERDE

Wenn du und ich miteinander reden, verstehen wir uns, denn wir sprechen dieselbe Sprache. Wenn ich sage: „Komm doch her!", ist das eine klare Aufforderung, dass ich dich treffen möchte. Pferde sprechen genauso klar und deutlich miteinander, aber sie zeigen, was sie wollen mit ihrer Körpersprache. Was glaubst du, wie sagt ein Pferd, dass du in seine Nähe kommen kannst?

HIER LERNST DU ...

PRÜFUNGSWISSEN

❖ Pferdeverhalten richtig verstehen

❖ Verhaltensregeln im Stall und auf der Weide

❖ Die Sinne der Pferde

❖ Pferdesprache für Menschen

Hallo ihr Pferde!

Besonders Mädchen lieben Pferde – ihren Anblick, ihren Geruch, die großen dunklen Augen, das zufriedene Schnauben. Pferdeliebe ist etwas ganz Tolles, darf aber nicht dazu führen, dass man das Pferd wie einen Menschen betrachtet. Pferde verständigen sich anders als Menschen und können, wenn man sie streichelt, mit ihnen schmust und ihnen am liebsten alles erlauben würde, schnell versuchen, zum Chef zu werden. Darum denkt immer daran: Es ist toll, Pferde zu lieben – aber es ist auch wichtig, sie als das zu behandeln, was sie sind: echte, lebende Tiere – und keine Kuschelhasen!

Ungefähr elf Monate dauert es, bis ein Fohlen geboren wird. Diese Zeit nennt man bei Stuten „Trächtigkeit".

Warum sind Pferde schreckhaft?

Als Kaya ihr Pony von der Weide holt, nimmt sie ihre Freundin Lena mit. Lena war noch nie in einem Reitstall und hüpft und rennt auf der herrlichen großen Wiese herum. Kaya ruft: „Bitte lass das!" Zu spät, das Pony ist mitsamt seiner Herde in die äußerste Ecke der Weide geflüchtet. Ganz langsam geht Kaya auf die verschreckte Herde zu, spricht leise mit ihrem Pony. Schließlich gelingt es ihr, dem Pony das Halfter überzustreifen. Pferde sind Fluchttiere, deshalb ist die gesamte Herde weggelaufen. Immer, wenn etwas laut und fremd ist, neigen Pferde dazu, die Flucht zu ergreifen – das ist ihr Instinkt. Darum musst du dem Pferd zeigen, dass es keinen Grund gibt, vor dir zu flüchten – indem du dich langsam auf ein Pferd zubewegst und dem Pferd damit Zeit gibst, zu begreifen: Vor diesem Menschen brauche ich keine Angst zu haben, er tut mir nichts.

Warum wiehern Pferde?

Hast du schon mal erlebt, dass ein Pferd leise wiehert, wenn du es rufst? Oder eine Stute lautstark und aufgeregt wiehert, wenn ihr Fohlen von ihr getrennt wird? Pferde drücken durch Wiehern ihre Gemütszustände aus, also zum Beispiel ob sie sich freuen oder Angst haben. Doch nicht jedes Pferd wiehert – denn du weißt ja schon, dass Pferde ihre Gefühle weniger durch Laute als durch ihre Körpersprache (Ohrenspiel, Schweifhaltung und noch anderes) ausdrücken. Mehr dazu kannst du auf Seite 19 nachlesen!

Warum gibt es in einer Herde einen Leithengst bzw. eine Leitstute?

Die Leitstute hat die Aufgabe, der Herde den Weg vorzugeben und sie zu führen. Sie ist der Boss und entscheidet auch über die weitere Rangordnung in der Herde. Oft sind Leitpferde (ob Stute oder Hengst) sehr erfahrene und ruhige, aber eben auch durchsetzungsstarke Persönlichkeiten.

Warum müssen Pferde erst lernen, ein Reitpferd zu werden?

Von einem Reitpferd erwartet man, dass es brav ist und genau das macht, was der Reiter will. Das aber muss ein Pferd erst lernen. Die Aufgabe des Menschen ist es, dem Pferd so viel Vertrauen zu geben, dass es seinen natürlichen Instinkten (z. B. zu scheuen oder zu flüchten) nicht mehr nachgibt, sondern den Menschen sozusagen als „Leittier" akzeptiert.

Was kannst du tun, wenn dein Pferd flüchten will?

Du musst versuchen, es zu beruhigen und ihm das Gefühl zu geben: Dort, wo du bist, kann dem Pferd nichts passieren. Ruhiges Reden und Streicheln kann helfen. Allerdings entsteht so ein Vertrauen nicht von heute auf morgen!

➔ **Verhaltensregeln im Stall und auf der Weide**

- Gehen, nicht rennen!
- Leise sprechen
- Ruhige, langsame Bewegungen statt hektischem „Herumfuchteln"
- Abstand zu den Hinterhufen des Pferdes halten
- Nur mit Erlaubnis in die Box oder auf die Weide gehen
- Erst fragen, dann füttern!

VERHALTEN

Rangordnung

In Pferdegruppen herrscht immer eine Rangordnung: Das Leittier führt die Gruppe an, jüngere Pferde sind im „Inneren" der Gruppe und werden beschützt, ältere Pferde bilden den „Rand" einer Herde und schützen die Jungtiere.

Pferde in Bewegung / Lauftier

Pferde haben einen kleinen Magen – aber brauchen Unmengen von Futter. In der Natur fressen Pferde bis zu 18 Stunden am Tag. Dabei bewegen sie sich im Schritt langsam immer weiter.

Herdentiere

Pferde können nicht allein leben, von Natur aus leben sie in Gruppen.

Pflanzenfresser

Anders als wir Menschen fressen Pferde niemals Fleisch. Sie sind reine Pflanzenfresser und brauchen sehr viel Gras bzw. Heu und Stroh. Das kann ihr Magen am besten vertragen.

Fluchttiere

In freier Wildbahn hat das Pferd Feinde. Doch kämpfen tut es nur, wenn es in die Enge getrieben wird. Bei Gefahr ist der erste Impuls des Pferdes immer: Weglaufen!

Sehen

Mit ihren seitlichen Augen können Pferde gleichzeitig nach rechts und links scharf sehen – aber nur das, was sie mit beiden Augen gleichzeitig erfassen.

Direkt vor ihnen und direkt hinter ihnen können sie nichts sehen. Im Gegensatz zum Menschen können Pferde viel weiter in die Ferne gucken. Allerdings erkennen sie die Dinge, die weit weg von ihnen sind, nicht scharf.

Hören

Eine Disco ist nichts für Pferde: Sie mögen es nicht laut, auch schrille Töne finden sie unangenehm, und alles, was plötzlich kommt, löst einen Fluchtinstinkt bei ihnen aus (z. B. ein Knall). Ruhiges, langsames und leises Sprechen gefällt Pferden dagegen sehr. Pferde richten ihre Ohren in die Richtung, aus der sie etwas hören wollen. Achtet mal darauf, ob Pferde beim Reiten auch mal ein Ohr nach hinten (zum Reiter) richten!

Riechen

Pferde haben eine sehr feine Nase. Sie riechen Dinge auch aus weiterer Entfernung. Über das Riechen finden Pferde heraus, ob ein Artgenosse Freund oder Feind ist, sie beschnuppern sich und finden im wahrsten Sinne des Wortes heraus, ob sie es mit einer Stute, einem Hengst oder einem Fohlen zu tun haben. Auch wenn sich zwei Pferde länger nicht begegnet sind, können sie sich über den Geruch wiedererkennen.

Ohren

Augen

Nüstern

Maul

Tasthaare

Fühlen

Pferde fühlen nicht nur mit ihrer Haut, sondern auch mit ihren Haaren – ganz besonders mit den Tasthaaren, die an ihren Nüstern wachsen. Damit erspüren sie zum Beispiel, wenn im Futter etwas ist, das sie nicht mögen. An vielen Körperstellen sind Pferde kitzelig, das kann man im Sommer gut beobachten, wenn sich Fliegen auf den Pferdekörper setzen: Sie zucken mit der Haut, um die Fliegen zu verjagen.

Schmecken

Pferde mögen Süßes und Salziges, Saures und Saftiges. Bei Süßem sollte man vorsichtig sein, weil auch Pferde Karies bekommen können. Saftiges wie Äpfel, Karotten, aber auch Mandarinen oder Bananen (nicht zu viel!) vertragen sie gut. Zum Glück fressen Pferde fast nur das, was gesund ist – trotzdem solltest du bei allem, was du Pferden zu fressen gibst, immer erst die Stall- oder Pferdebesitzer fragen!

TIPP

Wenn du auf dem Reiterhof bist, nimm dir mal zusammen mit deiner Freundin eine Stunde Zeit und schau den Pferden auf der Weide zu. Kannst du erkennen, welches Pferd der Chef in der Herde ist? Findest du heraus, wer sich gut versteht und wer sich streitet?

Rätsel

Buchstabensalat

Hier ist ja alles durcheinandergeraten! Die einzelnen Buchstaben der jeweiligen Lösungswörter haben einfach ihre Plätze vertauscht. Weißt du, wie die Antworten richtig heißen?

1 Pferde können nicht nur mit den Augen sehen, sie benutzen auch noch etwas anderes dazu, was sich am Maul befindet. Es sind die

HARTSATAE _ _ _ _ _ _ _ _

2 Wie nennt man den Chef in einer Herde?

EITLERIT _ _ _ _ _ _ _ _

3 In jeder Herde gibt es einen Anführer, und auch andere Mitglieder der Herde haben ihren festen Plat und unterschiedlich viel „zu melden". Es herrscht also eine feste

FGRNAGEOL _ _ _ _ _ _ _ _ _

4 Pferde sind nicht gern allein. Sie leben am liebsten in einer

EHDRE _ _ _ _ _

5 Manche Pferde sind sehr schreckhaft. Sie haben Angst vor allem Neuen. Der Grund: Pferde sind

TIFLCHTEURE _ _ _ _ _ _ _ _ _ _ _

6 Pferde verständigen sich nicht wie wir Menschen mit Worten. Sie nutzen statt dessen die

HPÖRKPRSRAECE _ _ _ _ _ _ _ _ _ _ _ _ _

Verstehst du die Pferdesprache?

Pferde benutzen ihre Ohren, ihren Hals, ihre Hufe – kurz, sie sprechen mit ihrem Körper. Wenn du die Körpersprache lernst, ist es für dich viel leichter, dein Pferd zu verstehen. Teste dein Pferdewissen: Was tun die Pferde auf den Fotos? Kreuze die jeweils richtige Lösung an.

4

a □ Dösen im Stehen: Die Augen sind halb geschlossen, die Ohren „abgeklappt".

b □ Die Ohrstellung zeigt es: Dieses Pferd ist schlecht gelaunt.

6

5

a □ Fellpflege zwischen zwei guten Weidekumpeln.

b □ Hier beißen sich zwei, die sich nicht gut leiden können.

a □ Das linke Pferd greift an, das rechte flüchtet lieber und hält sicheren Abstand.

b □ Das Ohrenspiel zeigt, dass man sich hier als Mensch nicht einmischen sollte!

1

3

a □ Das Pferd will gerade hören, was hinter ihm passiert.

b □ Das Pferd ist gerade angriffsbereit.

7

a □ Kontakt unter Artgenossen: vorsichtiges Beschnuppern und „Befühlen".

b □ Diese Pferde mögen sich nicht, sie können sich nicht „gut riechen".

a □ Austreten: Abwehr mit Hinterhuf und passendem Gesichtsausdruck.

b □ Das linke Pferd nähert sich und zeigt damit, ich bin hier der Chef.

2

a □ Das Pferd frisst und ist dabei ganz entspannt.

b □ Das Pferd frisst und seine Ohrenstellung zeigt Wachsamkeit.

So leben Pferde und Ponys

Shetlandpony Fredi lebt zusammen mit zehn Kumpels auf einem Reiterhof. Fredi und die anderen tummeln sich auf einer Weide, nachmittags werden sie von den Kindern geputzt und geritten. Im Winter wohnt Fredi nachts in einer gemütlichen, mit viel Stroh eingestreuten und luftigen Box, frisst getrocknetes Gras (also Heu) und bekommt abends einen kleinen Becher voller Hafer.

HIER LERNST DU ...

PRÜFUNGSWISSEN

❖ Was ist wichtig bei der Pferdehaltung

❖ Die Bedürfnisse des Pferdes

❖ Fütterung und Tränken

❖ Die unterschiedlichen Pferdefutter

Boxenhaltung mit Auslauf

Der Isländer Wothan kommt für einige Stunden am Vormittag auf die Weide. Mittags wird er zurück in seine Box gebracht. Die ist viel größer als die von Fredi. Sie hat einen Innen- und einen „Außenteil" – Wothan kann von seiner mit Stroh eingestreuten Box durch eine offene Tür nach draußen und hat einen kleinen Bereich ganz für sich allein. Er sieht viele Pferde, aber nur mit seinen Nachbarn kann er sich beschnuppern. Morgens auf der Weide kann er mit seinen fünf Isifreunden grasen, sich kraulen lassen oder gemeinsam dösen. Abends wird er geritten.

Leben in der Box

Haflinger Benno wird jeden Tag geritten, seine Box wird aber nur jeden zweiten Tag saubergemacht und mit frischem Stroh eingestreut. Meistens ist sein Leben recht langweilig. Benno darf jeden zweiten Tag eine halbe Stunde vor dem Reitplatz grasen. Den Rest der Zeit steht Benno in seiner Box, die ein Fenster nach draußen hat. Zum Glück, denn frische Luft findet er ganz toll und so kann er zusehen, was so alles auf dem Reiterhof passiert.

Antwort: *Benno hat zu wenig Kontakt zu Artgenossen, zu wenig Auslauf und ist nicht oft genug an der frischen Luft. Er lebt in Boxenhaltung. Viele Sportpferde, also Pferde, mit denen ihre Reiter auf Turniere gehen, werden so gehalten, weil ihre Besitzer Angst haben, ihr Pferd könnte sich auf der Weide bei Rangeleien verletzen.*

Die Bedürfnisse des Pferdes

Fredi, Wothan und Benno leben alle in einer Reitschule, sie werden aber sehr unterschiedlich gehalten. Welche der sieben Kriterien einer gesunden Pferdehaltung werden bei Benno nicht erfüllt?

- Genügend Auslauf
- Reichlich frische Luft
- Kontakt mit Artgenossen
- Genügend Bewegungsraum auf der Weide
- Gesundes Futter über den ganzen Tag verteilt
- Wasser nach Bedarf
- Eine helle, luftige und saubere Box mit reichlich Einstreu

TIPP

Frag mal, ob du nach der Reitstunde Box, Paddock oder Auslauf von deinem Lieblingspferd saubermachen kannst. Das freut dein Pferd und deine Reitlehrerin!

PFERDE-FÜTTERUNG

Stallpferde füttern

Zuerst gibt es Raufutter (das ist Heu oder Stroh), daran kauen die Pferde schön lange. Pferde, die viel geritten werden, erhalten außerdem noch Kraftfutter (z. B. Hafer) – das schmeckt ihnen besonders gut. Deswegen sind viele Pferde zur Fütterungszeit sehr aufgeregt, sie wiehern, legen die Ohren an oder scharren mit den Hufen, weil sie es vor lauter Ungeduld gar nicht abwarten können!
Wasser steht den Pferden mit sogenannten Selbsttränken immer zur Verfügung. Wenn die Wasserleitungen im Winter eingefroren sind, muss in jeder Box ein Eimer mit Wasser stehen.

Draußen leben

Weidepferde fressen Gras, man kann ihnen zusätzlich auch Heu auf die Weide bringen. Wasser gibt es oft aus einem großen Wassertank oder aus einer ausgemusterten Badewanne. Wenn es warm ist, trinken Pferde sogar bis zu 50 Liter Wasser am Tag.
Wichtig: Auch auf der Weide muss der Pferdemist eingesammelt werden, sonst schmeckt den Pferden irgendwann das Gras nicht mehr und sie können Würmer bekommen!

Heu

Gras

Ganz schön viel Mist!

Pferde äppeln bis zu zehnmal am Tag, da kommt ein ganz schöner Misthaufen zusammen! Der Mist muss jeden Tag aus der Box entfernt werden, auch das nasse Stroh. Das wird meistens gleich morgens erledigt.

Frisches Wasser

Pferde haben einen kleinen Magen, ...

... sie können nicht viel auf einmal essen. Ihr Verdauungssystem ist so aufgebaut, dass es energiearmes Futter verwerten kann, also vor allem Gräser. Wildpferde grasen mehr als 20 Stunden am Tag, um genügend Futter aufnehmen zu können.

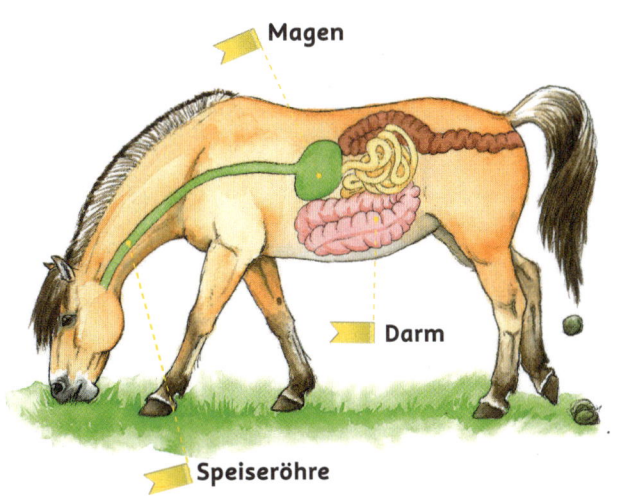

Magen

Darm

Speiseröhre

Der Futterplan

Das steht an der Boxentür: Dreimal täglich je eine halbe Schippe Hafer (½ H) und eine ganze Schippe Müsli (1 M). Abends zusätzlich eine Schippe Mash (1 Mash), dazu so viel Heu (Heu ad.lib.), wie das Pferd fressen kann. Man unterscheidet drei Futterarten:
- **Kraftfutter:** Hafer, Mais, Gerste, Müsli
- **Raufutter**: Heu, Silage, Stroh
- **Saftfutter:** Weidegras, Mohrrüben, Futterrüben

Was hier auf der Tafel steht, kannst du unter der Überschrift „Der Futterplan" nachlesen!

3x tgl. 1/2 H
1 M
A: 1 Mash,
Heu ad.lib.

Hafer

Müsli

Mineralfutter

TIPP

Nicht jedes Pferd darf man füttern! Bevor du Möhren oder Äpfel verteilst, frag unbedingt nach! Da Pferde auch Karies und später Zahnschmerzen bekommen können, solltest du keinen Zucker füttern!

TIERSCHUTZ – was versteht man darunter?

Wer Tiere liebt, will ihnen nur Gutes tun – das geht euch doch auch so, oder? Aber Tiere sind ganz anders als Menschen, sie haben andere Instinkte, andere Bedürfnisse als wir, sie leben ganz anders, fressen andere Nahrungsmittel als wir. Es ist wichtig, vieles über Tiere zu wissen, damit man ihnen tatsächlich Gutes tut. Ihr lernt in diesem Buch viel über Pferde – und damit tragt ihr auch zum Tierschutz bei. Denn nur wer Dinge über Tiere weiß, kann auch gut mit ihnen umgehen.

Tierschutz im Gesetz

In Deutschland ist Tierschutz ein wichtiges Thema und es gibt ein sehr ausführliches Tierschutzgesetz. Darin ist festgelegt, dass niemand einem Tier *„ohne vernünftigen Grund Schmerzen, Leiden oder Schaden zufügen"* darf. Das Gesetz regelt, wie ein Tier gehalten, genutzt und gezüchtet werden darf, es regelt auch, wann ein Tier getötet werden darf.

Tierschutz erfordert Mut

Tierschutz geht jeden von uns etwas an. Das Wissen über die Natur des Tieres, über sein Verhalten, seine Fress-, Lauf- und Gesellschaftsgewohnheiten ist das Eine, darüber hast du jetzt schon eine Menge gelernt. Je mehr du über Pferde weißt, desto eher fällt dir vielleicht manchmal auch etwas auf: Wenn jemand im Stall ungerecht zu seinem Pferd ist, es schlecht behandelt, zum Beispiel mit der Peitsche haut, nur weil es mit den Hufen gescharrt hat. Wenn ein Pferd in einer kleinen, dunklen Box steht, die ganz doll voller Mist ist. Wenn ein Pferd vielleicht von den Sporen schon kleine wunde Stellen hat. Vielleicht sind diese dem Reiter gar nicht aufgefallen?

Es erfordert Mut, in so einem Moment ein Tierschützer zu sein. Was kann man tun, wenn man etwas sieht, das einem nicht richtig vorkommt? Sprecht mit euren Reiterkollegen darüber, mit euren Eltern und traut euch auch, den Reitlehrer anzusprechen. Stellt Fragen und schaut nicht weg. Denn Tiere zu schützen und ihnen zu helfen, so artgerecht wie möglich mit uns zu leben, das wollt ihr doch auch, oder?

Die neun ethischen Grundsätze des Pferdefreundes

Der größte Reiterverband, den Deutschland hat, ist die Deutsche Reiterliche Vereinigung, viele nennen sie auch einfach FN, diese Buchstaben stehen für einen französischen Begriff: „Fédération Nationale" (genaue Übersetzung: Nationaler Verband). Die FN hat neun Punkte zusammengefasst, die jeder Pferdefreund als Tierschützer kennen und beachten sollte. Hier sind sie:

1 Wer auch immer sich mit dem Pferd beschäftigt, übernimmt die Verantwortung für das ihm anvertraute Lebewesen.

2 Die Haltung des Pferdes muss seinen natürlichen Bedürfnissen angepasst sein.

3 Der physischen wie psychischen Gesundheit des Pferdes ist unabhängig von seiner Nutzung oberste Bedeutung einzuräumen.

4 Der Mensch hat jedes Pferd gleich zu achten, unabhängig von dessen Rasse, Alter und Geschlecht sowie Einsatz in Zucht, Freizeit oder Sport.

5 Das Wissen um die Geschichte des Pferdes, um seine Bedürfnisse sowie die Kenntnisse im Umgang mit dem Pferd sind kulturgeschichtliche Güter. Diese gilt es zu wahren und zu vermitteln und nachfolgenden Generationen zu überliefern.

6 Der Umgang mit dem Pferd hat eine persönlichkeitsprägende Bedeutung gerade für junge Menschen. Diese Bedeutung ist stets zu beachten und zu fördern.

7 Die Verantwortung des Menschen für das ihm anvertraute Pferd erstreckt sich auch auf das Lebensende des Pferdes. Dieser Verantwortung muss der Mensch stets im Sinne des Pferdes gerecht werden.

8 Die Nutzung des Pferdes im Leistungssowie im allgemeinen Reit-, Fahr- und Voltigiersport muss sich an seiner Veranlagung, seinem Leistungsvermögen und seiner Leistungsbereitschaft orientieren. Die Beeinflussung des Leistungsvermögens durch medikamentöse

sowie nicht pferdegerechte Einwirkung des Menschen ist abzulehnen und muss geahndet werden.

9 Der Mensch, der gemeinsam mit dem Pferd Sport betreibt, hat sich und das ihm anvertraute Pferd einer Ausbildung zu unterziehen. Ziel jeder Ausbildung ist die größtmögliche Harmonie zwischen Mensch und Pferd.

Tierschutz kann jeder von uns praktizieren. Machst du mit?

Rätsel

+ richtig   − falsch

Was Pferde fressen dürfen – und was nicht!

- ☐ Würstchen
- ☐ Kaugummi
- ☐ Leckerli
- ☐ Bananen (mag nicht jedes Pferd)
- ☐ Mandarinen (mag nicht jedes Pferd)
- ☐ weiches oder verschimmeltes Brot
- ☐ hartes, altes Brot
- ☐ Bonbons
- ☐ Schokolade
- ☐ Karotten
- ☐ Äpfel

ACHTUNG!
Pflück nicht irgendwelche Blätter von Büschen oder
Hecken! Es gibt vieles, was Pferde nicht fressen können
und wovon sie krank werden!

Speiseplan für Wothan

Fülle die Lücken im Speiseplan aus. Alle Wörter, die fehlen,
sind (rechts) noch einmal aufgelistet.

Liebe Kaya,
jetzt konnten wir uns doch nicht mehr treffen,
bevor ich in den Urlaub gefahren bin. Danke, dass du
Wothan die nächsten zwei Wochen fütterst. Du musst nur
einige Kleinigkeiten bedenken, darum dieser Brief:

- Bitte bringe ihm jeden Morgen zuerst eine ganze
  Karre voller _____ .
- Er wird wiehern, wenn du mit dem _____ um die Ecke
  kommst. Lass dich nicht einwickeln – mehr als eine
  Schippe am Morgen darf er nicht!
- Guck bitte später, wenn du ihn auf die Weide bringst, ob
  genügend _____ im Tank ist.
- Bevor du Wothan sein Mittagsfutter gibst, prüfe bitte, ob
  in seiner _____ oder in der Tränke Äppel sind –
  manchmal passiert ihm das. Bitte entfernen, bevor du das
  Futter einfüllst ... ich weiß, das ist eklig. Aber wir essen
  ja auch nicht von einem Löffel, der ... du weißt schon.
  Danke!
- Mittags bekommt der Gute in seiner Box erst eine zweite
  Karre Heu, dann eine Handvoll _____ und eine Schippe
  Hafer.
- In der schwarzen Kiste am Ende der Stallgasse findest du
  einen Sack voller _____. So zehn bis fünfzehn Stück
  davon kannst du mit in die Krippe tun.
- Morgens soll Wothan essen wie ein Kaiser, mittags wie
  ein König – und am Abend wie ein Bettelmann ... –
  darum vergiss bitte nicht, ihm abends nur noch eine
  halbe Portion des Hafers zu geben. Übermorgen werden
  außerdem noch _____ und _____ geliefert,
  teile sie doch ungefähr so ein, dass sie zwei Wochen
  halten.
- Ach, und zum Schluss noch eins: Für dich habe ich
  hinter der schwarzen Möhrenkiste eine Familienpackung
  _____ versteckt ... aber nicht alle auf einmal essen!!!

Deine Lena

Heu, Hafer, Wasser, Krippe, Müsli, Möhren, Äpfel, Leckerlis, Schokoküsse

DER UMGANG MIT PFERDEN

HIER LERNST DU …

PRÜFUNGSWISSEN

❖ Pferd von der Weide, aus der Box holen

❖ Korrektes Führen

❖ Sicheres Anbinden

❖ Putzzeug und Pferde pflegen

Es sieht bei Pferdeshows immer sooo toll aus, wenn ein Pferd mit wehender Mähne, ganz frei ohne Halfter und Strick hinter seinem Menschen herläuft. Du denkst, so etwas können nur Pferdeflüsterer? Eigentlich ist der Umgang mit Pferden ganz leicht, wenn du weißt, was du willst und dabei so entspannt wie möglich bleibst.

Du holst dein Pferd …
… von der Weide

Du weißt ja schon, dass du langsam und ruhig auf ein Pferd zugehen musst – am besten sprichst du es an. Achte darauf, dass das Weidetor beim Einfangen geschlossen ist. Halte mindestens drei Meter (vier Schritte) Abstand zu den anderen Pferden – denn du weißt nie, ob sie sich plötzlich erschrecken, auf dem Absatz kehrtmachen oder ausschlagen. Es kann hilfreich sein, für dein Pferd ein Leckerli bereit zu halten. Wenn aber die anderen Pferde futterneidisch werden und dich bedrängen, dann lass das Futter lieber in der Tasche.

… aus der Box

Sprich dein Pferd mit seinem Namen an, bevor du die Boxentür öffnest. Wenn es dir

Wenn du mal keinen Apfel oder ein Leckerli zur Hand hast, pflück doch einfach ein bisschen Gras, bevor du dein Pferd von der Weide holst!

die Kruppe zudreht, lockst du es mit dem Apfel, sodass es sich mit dem Kopf zu dir wendet. Gehe nie in die Box, wenn die Gefahr besteht, dass das Pferd nach dir ausschlagen könnte!

Damit das Aufhalftern auf der Weide oder in der Box problemlos klappt, solltest du es ein paar Mal „trocken" üben – am besten eignet sich dafür ein Holzpferd! Frag mal in deinem Stall nach, ob es das bei euch gibt!

Aufhalftern

Manche Pferde nehmen jedes Mal, wenn sie das Halfter in deinen Händen sehen, den Kopf hoch ... da hilft der Griff in die Trickkiste: Lege deine Hand auf den Mähnenkamm des Pferdes und streichle das Pferd bis hin zum Genick. Dort drückst du mit dem Daumen auf der einen und dem Zeige- und Mittelfinger auf der anderen Seite des Genicks sanft in die Muskeln. Fast alle Pferde reagieren darauf mit Kopfsenken. Entspannte Pferde halten ihre Köpfe von Natur aus niedrig.

TIPP

Achte auf deine Füße! Trage beim Führen, Putzen und natürlich beim Reiten feste Schuhe. Es ist viel zu gefährlich, ein Pferd mal eben in Badelatschen von der Wiese zu holen, nur weil dir warm ist. Die Sicherheit geht vor!

„Du bist der Boss"

Je besser du das Wesen des Pferdes im Allgemeinen kennst, desto leichter wird dir das Einfangen, Führen, Putzen und Satteln gelingen. Bedenke ...

• als Herdentier muss das Pferd dich als Ranghöheren ansehen,
• als Fluchttier muss das Pferd dir vertrauen, aus Sicherheitsgründen halte das Pferd stets im Blick.

So führst du ein Pferd

• Gehe neben dem Pferd
• Lass den Strick ein bisschen durchhängen
• Bestimme das Tempo
• Lege **NIEMALS** den Strick in einer Schlinge um deine Hand!

Führen – rechts oder links?

Die meisten Pferde sind es gewohnt, dass der Mensch an seiner linken Seite geht. Rechtshänder fühlen sich auch meist wohler, wenn sie mit der rechten Hand führen können. Wichtig ist jedoch nicht, auf welcher Seite, sondern auf welcher Höhe des Pferdes du neben ihm gehst.

Als Ranghöherer darfst du im Prinzip vor, neben oder hinter dem Pferd gehen – du hast die Wahl. Aus Sicherheitsgründen musst du neben dem Pferd gehen, und zwar so, dass du auf jeden Fall Kopf und Augen des Pferdes im Blick vor dir hast. So kannst du sehen, ob das Pferd Angst bekommt oder nervös wird, und kannst schnell reagieren.

Tempo bestimmen

Wenn du gehst, soll das Pferd mitgehen. Wenn du stehst, soll es stehen. Das kannst du bei jedem Weg von der Weide und zurück üben, auch auf dem Weg vom Sattelplatz zum Reitplatz! Achte darauf, dass der Strick leicht durchhängt.

Wenn das Pferd schneller geht als du – nimm den Raum vor seiner Schulter für dich in Anspruch. Eine waagerecht gehaltene Gerte vor der Pferdenase kann als Bremse und Abstandhalter hilfreich sein.

Wenn das Pony zu langsam geht und sich von dir „ziehen" lassen will – frage eine Reiterfreundin, ob sie dir hilft. Dabei muss sie schräg hinter dem Pferd gehen (Abstand halten etwa drei Meter!) und es vorsichtig zum schnelleren Gehen „antreiben".

Den Führstrick solltest du direkt unter dem Halfter anfassen – mit der Hand, die dichter am Pferd ist. Mit der anderen Hand hältst du das Ende des Stricks fest.

Checkliste Bodenarbeit – das solltest du können
- Führen von rechts und links
- Halten und Rückwärtsrichten
- Vor- und Hinterhand weichen lassen
- Pferde aneinander vorbeiführen

➔ Was ist Bodenarbeit

Unter Bodenarbeit versteht man die Erziehung des Pferdes vom Boden aus. Zur Bodenarbeit gehört es unter anderem, einem Pferd beizubringen, dass es sich führen lässt, dass es die Hufe gibt, dass es den Kopf beim Auftrensen nicht hochreißt und stillsteht, wenn man selbst anhält. Bodenarbeit kann aber auch noch viel weiter gehen: Dass man mit Pferden durch Flatterbänder geht, es über Planen herübergehen lässt oder ihm beibringt, ohne Angst auf einen Anhänger zu gehen. Bodenarbeit schafft viel Vertrauen zwischen Mensch und Pferd.

TIPP

Probiere auf dem Reitplatz aus, ob dein Pferd mit dir zusammen rückwärts geht. Das ist ein großer Vertrauensbeweis deines Pferdes!

Rätsel

??

b

Was ist hier zu sehen?

a _ _ _ _ _ _ _ _ _ _ _ _ _ _

b _ _ _ _ _ _ _ _ _ _ _ _ _

c _ _ _ _ _

d

d _ _ _ _ _ _ _ _ _ _ _ _ _

a

c

Wie heißt das Putzzeug?

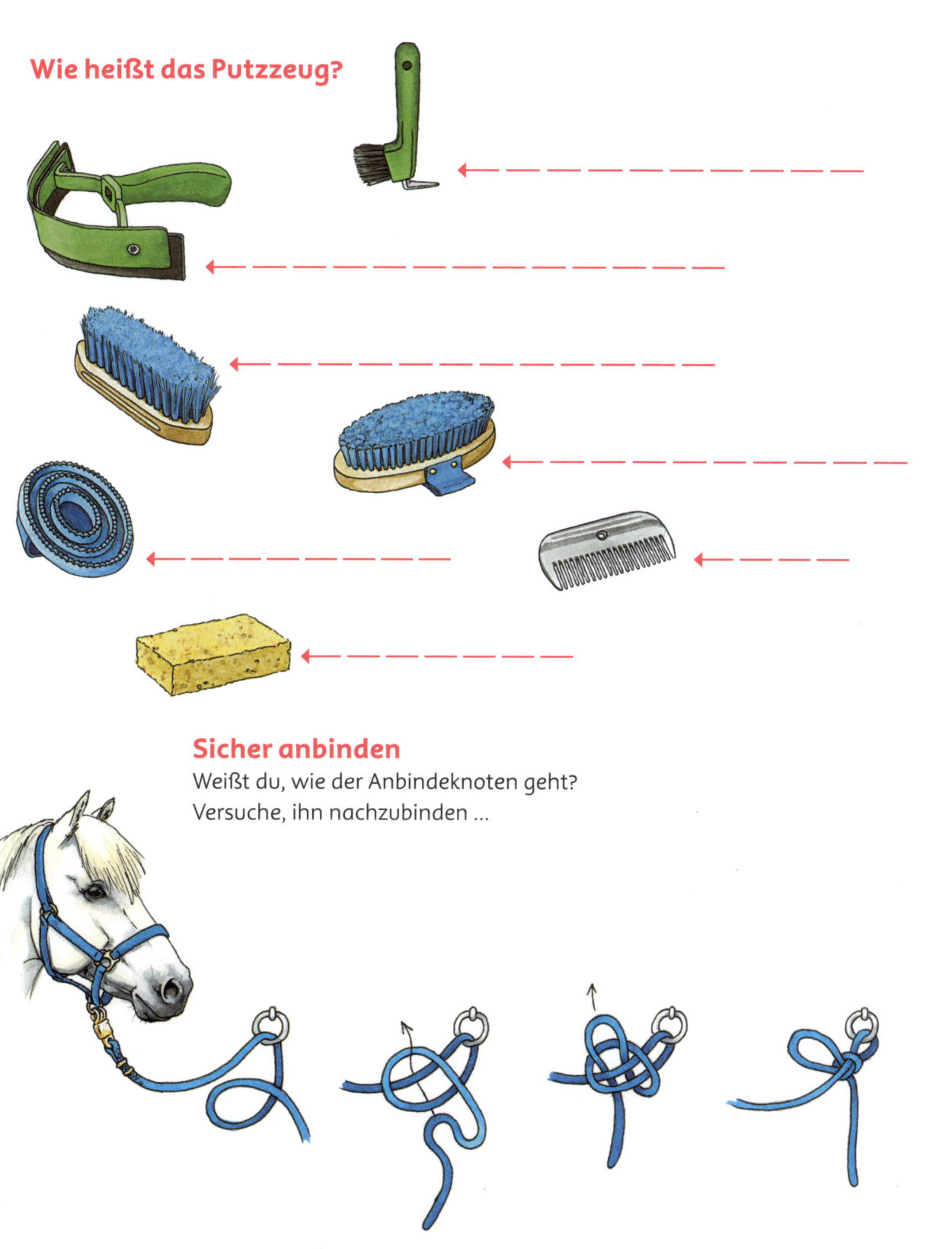

Sicher anbinden

Weißt du, wie der Anbindeknoten geht?
Versuche, ihn nachzubinden ...

Rätsel ??

Putzen

Hier ist die Reihenfolge beim Putzen durcheinandergeraten. Wie geht es richtig? Schreibe die Zahlen 1 bis 6 neben die Zeichnungen.

In vielen Ställen ist es üblich, dass die Pferde in einer bestimmten Reihenfolge geputzt werden. Die Reihenfolge, die hier beschrieben wird, könnte in deinem Stall genauso sein – aber auch ein bisschen anders. Frage doch mal nach.

Hier kannst du die Bilder anmalen! VIEL SPASS DABEI!

1 Schweif säubern

Viele Pferde legen sich nachts in ihren Boxen hin oder sie wälzen sich nach dem Reiten. Das heißt, sie haben Stroh im Schweif. Bürste niemals den Schweif, sondern säubere ihn vorsichtig mit der Hand. Achtung: dabei musst du seitlich vom Pferd stehen, um vor den Hinterhufen in Sicherheit zu sein!

2 Hufe auskratzen

Viele Pferde kennen eine Reihenfolge beim Hufeauskratzen: Vorne links, hinten links, vorne rechts, hinten rechts. Wenn es jeden Tag so gemacht wird, braucht man sich oft nur noch neben das entsprechende Bein stellen – und schon hebt das Pferd seinen Huf. Entferne erst den groben Dreck, reinige dann vorsichtig die Strahlfurchen. Der Strahl ist sehr empfindlich, darum lass dir das Hufeauskratzen ein paarmal zeigen!

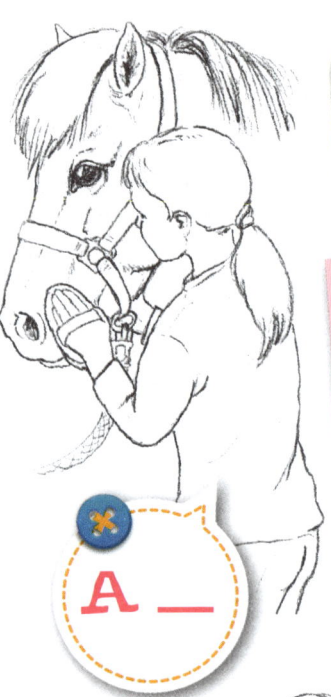

A _

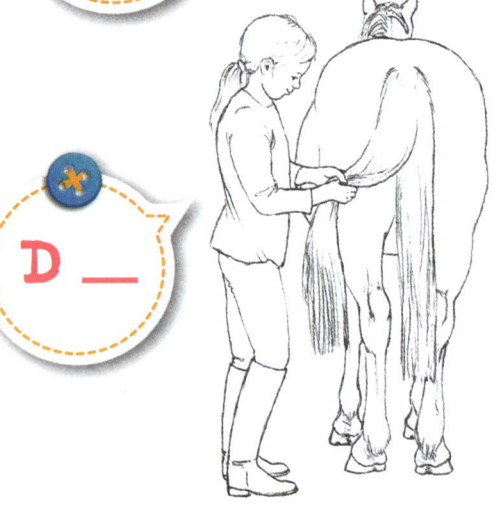

D _

F _

3 Striegeln

So eine Massage lieben Pferde! Aber das kreisförmige Striegeln von vorne nach hinten wurde nicht erfunden, um das Pferd zu massieren, sondern um den groben Dreck, z. B. wenn sich das Pferd in einer Pfütze gewälzt hat, herunterzureiben. Achtung: Probier aus, wie doll du den Striegel aufdrückst – manche Pferde sind sehr kitzelig und mögen nur gestriegelt werden, wenn du gaaaanz vorsichtig bist!

B __

5 Beine putzen

Bürste die Beine mit einer Wurzelbürste ab. Fühl mit den Händen, ob die Beine kühl oder warm sind, und schau gründlich nach, ob sich das Pferd vielleicht beim Toben auf der Weide eine kleine Schramme zugezogen hat. Wenn du etwas Ungewöhnliches entdeckst: Ruf sofort deinen Reitlehrer!

4 Fell glätten mit der Kardätsche

Wenn alles schön aufgerauht ist, bürstest du das Fell wieder glatt mit einer weichen Kardätsche, manche nehmen dazu auch die etwas härtere Wurzelbürste. So putzt man den Staub vom Pferd und glättet das Fell. Glattes Fell ist später wichtig fürs Satteln!

E __

C __

6 Kopf, Schopf und Mähne bürsten

Am Kopf sind Pferde auch ziemlich empfindlich, putze darum den Kopf immer ganz vorsichtig, mit langsamen Bewegungen und nur mit einer weichen Bürste. Für Schopf und Mähne kannst du eine Wurzelbürste oder einen Mähnenkamm verwenden.

BEVOR DU IN DEN SATTEL STEIGST

HIER LERNST DU ...

PRÜFUNGSWISSEN

❖ Zweckmäßige Reitkleidung

❖ Ausrüstung für das Pferd

❖ Auftrensen Schritt für Schritt

❖ Aufsatteln

Kaya und Lena dürfen heute in den Reitstall. „Bitte zieht euch schon mal an", sagt die Mutter von Kaya. Beide stürmen in ihre Zimmer und wühlen im Kleiderschrank. Da es sehr heiß ist, wählt Kaya eine kurze Radlerhose. Lena dagegen zieht eine lange Jeans an. Kaya schlüpft in ihre Sandalen, während Lena ihre festen Wanderschuhe zubindet. „Na, Kaya, willst du heute gar nicht reiten?", fragt ihre Mutter sie erstaunt, als sie Kaya ansieht.

Darauf kommt es an

Auch wenn du es sicher am schönsten findest, von der ersten Reitstunde an wie ein Profi mit echter Reithose und richtigen Reitstiefeln in den Stall zu kommen – deine Eltern haben recht, wenn sie sagen, dass dies nicht wirklich nötig ist. Es gibt nur ein Kleidungsstück, das ihr ab der ersten Reitstunde wirklich braucht, und das ist eine gut sitzende **Reitkappe**, die euren Kopf schützt. Als Reithose kann auch erstmal eine alte Jeans dienen und statt Reitstiefeln könnt ihr auch feste Wander- oder Winterschuhe anziehen.

Handschuhe beim Reiten und Führen

Reithandschuhe sind nicht dazu da, im Winter die Finger zu wärmen, sondern sie verhindern, dass man an den Fingern Blasen bekommt! In vielen Ställen muss man sogar schon zum Führen von Pferden Handschuhe anziehen: Denn wenn das Pferd sich erschreckt und wegspringt, kann so ein durch die Hände rutschender Zügel oder Strick die Hände blutig reißen!

Reitkleidung

Natürlich haben richtige Reithosen und echte Reitstiefel Vorteile. Eine **Reithose** soll eng anliegen, damit nirgends eine Falte entsteht und auf die Haut drückt, und anders als Jeans hat eine Reithose auch keine Nähte an den Innenseiten von Ober- und Unterschenkel, weil diese ebenfalls zu Blasen oder Druckstellen führen können. Echte **Reitstiefel** oder auch Halbschuhe in Kombination mit Stiefeletten (sogenannte Chaps) sind toll: Wenn das Pferd schwitzt, dringt der Schweiß nicht durch die Hose an deine Beine, außerdem schützen Reitstiefel deine Unterschenkel davor, zwischen Sattel und Steigbügelriemen „eingequetscht" zu werden, was echt wehtun kann!
Feste Schuhe musst du unbedingt tragen, weil es beim Führen, Putzen und Satteln schnell passieren kann, dass das Pferd dir mal auf die Füße tritt – da bieten feste Schuhe den besten Schutz.

Eine **Sicherheitsweste** solltest du beim Springen und bei Ausritten tragen, aber sie ist nicht unbedingt nötig bei jeder Reitstunde. So, jetzt weißt du auch, warum Kayas Mutter erstaunt diese Frage gestellt hat.

TIPP

Damit dein Reitlehrer sehen kann, ob du gerade oder krumm sitzt, solltest du keine weit flatternden Blusen, sondern eng anliegende Oberteile tragen – und dein T-Shirt in die Hose stecken!

Kehlriemen Check

Blick in die Sattelkammer

Nicht nur Kaya und Lena, sondern auch ihre Lieblingsponys Fredi und Benno müssen fürs Reiten ausgerüstet werden. Ihr „Kleiderschrank", in dem alle Ausrüstung gesammelt wird, heißt Sattelkammer. Sättel und Trensen werden dort aufgehängt, aber auch Hilfszügel – zum Beispiel Ausbinder –, Gerten, Gamaschen und Putzzeug findest du meistens dort.

Jedes Pferd hat seine eigene Trense und seinen eigenen Sattel – denn jedes Pferd hat einen unterschiedlichen Körperbau und braucht darum passende Ausrüstung. Du möchtest ja auch nicht die Schuhe deiner Nachbarin tragen, oder? In Reitschulen, wo immer wieder andere Reiter die Schulpferde reiten, sind die Sättel und Trensen meistens beschriftet, um Verwechslungen zu vermeiden.

Wenn du aber das Pferd direkt in der Box fertigmachst, solltest du es erst auftrensen (dann kannst du es festhalten) und dann aufsatteln.

Reihenfolge: Wann Aufsatteln, wann Auftrensen?

Was tut man eigentlich zuerst – Auftrensen oder Aufsatteln? Das kommt ganz darauf an, wo du dein Pferd für die Reitstunde fertigmachst. Wenn du es auf der Stallgasse am Halfter angebunden und geputzt hast, ist es sinnvoller, erst den Sattel aufzulegen (dann ist das Pferd noch angebunden) und erst ganz zum Schluss aufzutrensen.

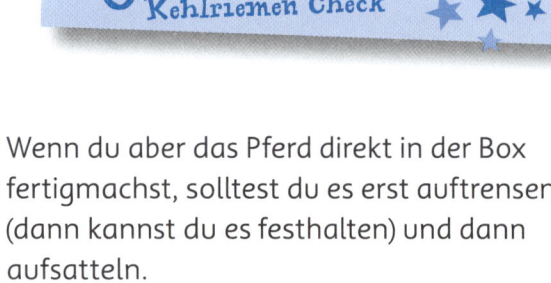

TIPP

Prüfe, ob das Reithalfter passt. Oft werden sogenannte Hannoversche Reithalfter verwendet. Achte darauf, dass zwei Fingerbreit Platz bleibt zwischen dem Nasenrücken des Pferdes und dem Nasenriemen. Wenn in deinem Stall andere Reithalfter benutzt werden: Frag nach, wie sie genau verschnallt werden!

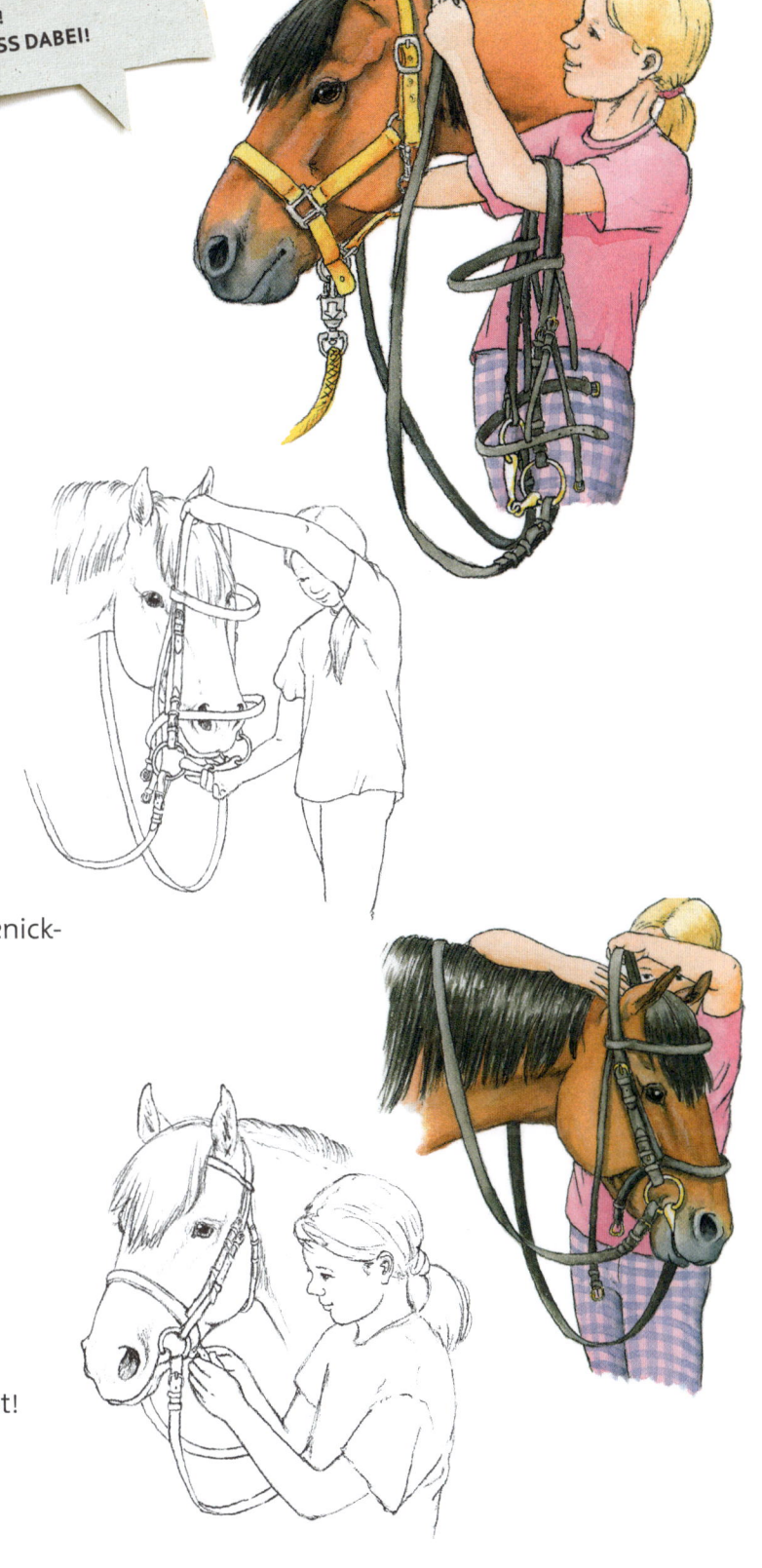

Auftrensen – so geht's

1. Zügel über den Hals
- links neben das Pferd stellen
- Strick vom Halfter trennen
- die Zügel über den Kopf streifen und auf den Hals legen
- das Halfter abstreifen

2. Gebiss ins Maul
- mit der rechten Hand die Trense an den Backenstücken festhalten
- mit der linken Hand das Gebiss ins Maul schieben

3. Genickstück über die Ohren
- mit beiden Händen vorsichtig das Genick-stück über die Ohren ziehen
- Mähne unter Genickstück beiseite-schieben, Schopf unter Stirnriemen herausziehen

4. Alle Riemen schließen
- zuerst den Kehlriemen schließen Kontrolle: eine Hand muss zwischen Kehlriemen und Ganasche des Pferdes passen
- Nasenriemen schließen. Nicht zu fest!

DIE HILFSMITTEL

Wozu sind Hilfszügel nützlich?

Gerade wenn du noch nicht so oft geritten bist, ist dein Pferd wahrscheinlich mit Hilfszügeln ausgestattet, meistens mit Ausbindern. Sie sorgen dafür, dass das Pferd den Kopf nicht hochreißen kann und dass es „über den Rücken" geht – d. h. dass es seine Muskulatur am Rücken benutzt, um dich zu tragen. Oft ist es auch leichter, ein Pferd zu lenken, wenn es mit Hilfszügeln geht. Und noch ein Vorteil: Wenn das Pferd über den Rücken geht, ist es für dich viel leichter, dich bequem im Sattel hinzusetzen!

Wofür benutzt du eine Gerte?

Gerten gibt es in verschiedenen Längen und in vielen Farben. Bestimmt hast du dir auch eine gewünscht, als du mit dem Reiten angefangen hast. Gerten sind nicht dazu da, ein Pferd zu schlagen! Du kannst damit die treibenden Hilfen verfeinern. Was treibende Hilfen sind, erfährst du auf Seite 50. Du kannst deine Gerte auch zur Bodenarbeit benutzen oder deinem Pferd damit Kunststücke beibringen – es gibt Pferde, die heben auf ein Antippen mit der Gerte ihre Vorderbeine sehr hoch. Diese Übung heißt „Spanischer Schritt". Reitgerten haben eine Länge zwischen 90 bis 120 cm, Springgerten sind etwa 75 cm lang.

Kennst du den beliebtesten Reiterspruch im Stall:

„Merke dir auf allen Wegen – Reiten lernst du nur durch Fegen!"

Führen mit Gerte

Sporen

Wann darf man mit Sporen reiten?

Das hast du bestimmt schon mal gehört: „Die Sporen musst du dir erst verdienen". Dieses Sprichwort ist weit über die Grenzen von Reiterhöfen hinaus bekannt. Es bedeutet im übertragenen Sinn: Erst, wenn du eine Sache gelernt hast und gut kannst, darfst du bestimmte Hilfsmittel nutzen – im Schulfach Mathematik zum Beispiel darfst du erst dann mit einem Taschenrechner arbeiten, wenn du auch alles im Kopf rechnen kannst. Beim Reiten ist das genauso: Sporen sind dazu da, die treibenden Hilfen, die der Reiter mit den Unterschenkeln gibt, zu verfeinern. Und darum hat sich derjenige „die Sporen verdient", der schon richtig gut und ruhig auf dem Pferd sitzen kann und seine Beine sicher unter Kontrolle hat.

TIPP

Trensen sind fast immer aus Leder, viele Sättel auch. Damit Leder lange hält, muss es sauber gehalten werden und darf nicht zu feucht werden – darum haben übrigens auch manche Sattelkammern eine Heizung! Mit Sattelseife kann man Trense und Sattel täglich reinigen, mit Lederfett sollte die Ausrüstung nur einmal im Monat bearbeitet werden.

Rätsel ??

Bandwurmwort – Kennst du die Einzelteile der Trense?

Suche die Wortgrenzen und schreibe die Wörter auf. **Tipp**: Es sind insgesamt neun Wörter

RIEMENNASENRIEMENREITHALFTERRIEMENKEHLRIEMENSTIRNRIEMENGENICKSTÜCKBACKENSTÜCKKINNRIEMENGEBISSZÜGEL

Lückentext

1 Unverzichtbarer Ausrüstungsgegenstand, der vor Verletzungen schützt

R _ _ _ k _ _ _ _ _

2 Damit kriegt man keine Blasen an den Fingern (Mehrzahl)

_ e _ _ h _ _ _ _ s _ _ _ _ _

3 Unterstützt den Reiter beim Treiben

_ _ r _ _

4 Schützt die Waden vor Quetschungen und Pferdeschweiß

R _ _ _ _ s _ _ _ _ f _ _

5 Ein sinnvoller Schutz, den aber viele als unbequem empfinden

S _ _ _ _ _ r _ _ _ t _ w _ _ _ _ e

6 Die muss man sich als Reiter erst verdienen

_ P _ _ _ _ _

Aufsatteln

Hier ist einiges durcheinandergeraten. Kannst du die Sätze in die richtige Reihenfolge bringen? Trage die Zahlen von 1 bis 7 ein.

_____ Ich gurte vorsichtig nach.

_____ Ich stelle mich auf die rechte Seite des Pferdes und nehme den Gurt herunter.

_____ Ich prüfe, ob die Satteldecke richtig liegt – auch auf der rechten Seite.

_____ Ich schiebe den Sattel nach hinten in die Sattellage, so dass das Fell darunter glatt liegt.

_____ Ich lege den Sattel weit vorne auf den Pferderücken.

_____ Ich gehe vorsichtig auf das Pferd zu, spreche es an. Dann hebe ich langsam den Sattel auf seinen Rücken.

_____ Ich wechsle die Seite und befestige den Gurt erstmal ganz locker.

ENDLICH REITEN!

HIER LERNST DU …

PRÜFUNGSWISSEN

- ❖ Korrektes Aufsitzen
- ❖ Den richtigen Sitz
- ❖ Alles über die Hilfengebung
- ❖ Gangarten: Schritt, Trab, Galopp

Reiten ist eine ganz besondere Sportart – denn anders als beim Fußball oder Tennis hast du es mit einem Lebewesen zu tun, nicht mit einem „Sportgerät" wie einem Ball oder Schläger. Mit einem Tier gemeinsam das höchste Glück der Erde zu erleben, ist so faszinierend, dass viele Menschen (besonders Mädchen), die einmal in den Reitsport hineingeschnuppert haben, ein Leben lang dabei bleiben.

Eine Einheit mit dem Pferd

Jeder Tag mit dem Pferd, jede Reitstunde kann anders sein, weil ein Pferd auch auf dieselben Signale unterschiedlich reagieren kann. Das macht es spannender! Aber auch schwieriger: Denn mit dem Pferd zu einer Einheit zu werden, quasi unsichtbare Hilfen zu geben, das kann ein Leben lang dauern.

Aufsitzen – mit diesen Tipps geht's leichter!

Wenn deine Reitgruppe ihre Ponys in die Reitbahn geführt hat, stellt sich jeder mit seinem Pony auf die Mittellinie, sodass alle nebeneinander stehen. Dabei ist es wichtig, ein bisschen Abstand zum Nachbarn zu halten, ungefähr drei Meter. So kann sich

Richtig aufsitzen

Bügellänge prüfen

jeder Reiter besser auf das bevorstehende Aufsitzen konzentrieren und auch die Pferde werden nicht durch ihre Nachbarn abgelenkt und bleiben oft zuverlässiger stehen. Sicherer ist es außerdem – denn wie bei den Menschen gibt es auch bei Pferden Sympathien, aber auch Abneigungen. Und wenn sich zwei nicht mögen, wollen sie nicht so dicht nebeneinanderstehen, sie würden vielleicht in Streit geraten. Bei Pferden würde das bedeuten, dass sie die Ohren anlegen, vielleicht sogar zubeißen oder auszuschlagen versuchen. Darum ist der Sicherheitsabstand so wichtig.

Checkliste Aufsitzen

Wenn du das Aufsitzen ein paarmal geübt hast, wird es irgendwann ganz einfach. Aber am Anfang sind es viele Kleinigkeiten, die man sich merken muss und die später wie von selbst „ineinander übergehen". Kaya hat sich am Anfang eine persönliche Checkliste gemacht, in welcher Reihenfolge sie an was denken muss. Vielleicht machst du so etwas auch für dich?

- **„Alles bereit machen":** Steigbügel herunterlassen und Länge prüfen.
- **„Alles mit links":** links vom Pferd stehen, mit links die Zügel locker aufnehmen, linken Fuß in den Bügel, linke Hand vorne an den Sattel.
- **„Alles mit rechts":** mit rechts hinten an den Sattel fassen, mit dem rechten Fuß abstoßen, Körper leicht nach vorne kippen, rechtes Bein über den Sattel schwingen, laaaangsam hinsetzen".
- **„Am Ende sortieren":** rechten Fuß in den Bügel, Zügel mit der rechten und linken Hand aufnehmen, auf den Rest der Gruppe warten.

DER REITERSITZ

- **Rücken:** gerade sitzen, damit du im Gleichgewicht bleibst.
- **Becken:** die Bewegung des Pferdes fühlen und mitmachen.
- **Kopf:** durch die Pferdeaugen schauen, lieber mal umhergucken als nach unten.

Der korrekte Sitz – gibt es den überhaupt?

Jeder Mensch ist unterschiedlich gebaut, hat unterschiedlich lange Arme und Beine, der eine hat einen langen Oberkörper, der andere einen kurzen, der eine ist dick, der andere ist dünn. Trotzdem kann jeder Reiter so auf dem Pferd sitzen, dass er sich wohlfühlt und das Pferd auch. Wichtiger als das Aussehen ist das Fühlen!

Das erste Ziel auf dem Pferderücken ist sowieso, sich auf dem Rücken oder im Sattel zu halten, ohne herunterzufallen. Das wichtigste Ziel kommt gleich danach: dass du dich sicher und gut auf dem Pferd fühlst, dass du keine Angst hast und ganz locker bleiben kannst.

Wenn du eine Reitabzeichenprüfung machen willst, solltest du schon so gut reiten können, dass das Pferd dorthin geht, wohin du möchtest – in die Mitte der Bahn oder außenrum, rechte oder linke Hand zum Beispiel. Und dein Pferd muss die Gangart einschlagen, die du vorgibst: Schritt, Trab oder Galopp.

Damit dir das gelingt, musst du vor allem unverkrampft und locker auf dem Pferd sitzen. Darum hier ein paar Tipps, damit du bald so selbstverständlich auf dem Pferd sitzt wie auf dem Fahrrad:

Kopf

Arme

Hände

Beine

Füße

- **Arme:** locker herunterhängen lassen, Ellbogen anwinkeln, sodass die Unterarme in Richtung Pferdemaul zeigen.
- **Beine:** locker hängen lassen, Knie leicht öffnen, mit der Wade den Pferdebauch berühren.

- **Füße**: leicht ausdrehen – dann kannst du schwungvolle Bewegungen vom Pferd leichter abfangen.
- **Hände:** vor dem Körper tragen, Fäuste leicht schließen, damit die Zügel nicht durch die Hände rutschen. Lieber am Sattel oder der Mähne festhalten, wenn's mal unbequem wird – niemals am Zügel, das tut dem Pferd weh im Maul!

Gut zu wissen

Zuerst lernt man den sogenannten Grundsitz wie bei der Zeichnung beschrieben. Wer später gern Springen reitet oder viel ins Gelände geht, passt sich den Bewegungen des Pferdes nochmal anders an und geht eher öfter mal in den leichten Sitz (siehe Seite 64). Dabei werden die Steigbügel viel kürzer verschnallt und der Reiter neigt seinen Oberkörper unterschiedlich weit nach vorne, um den Pferderücken über dem Sprung oder beim Galoppieren im Gelände zu entlasten.

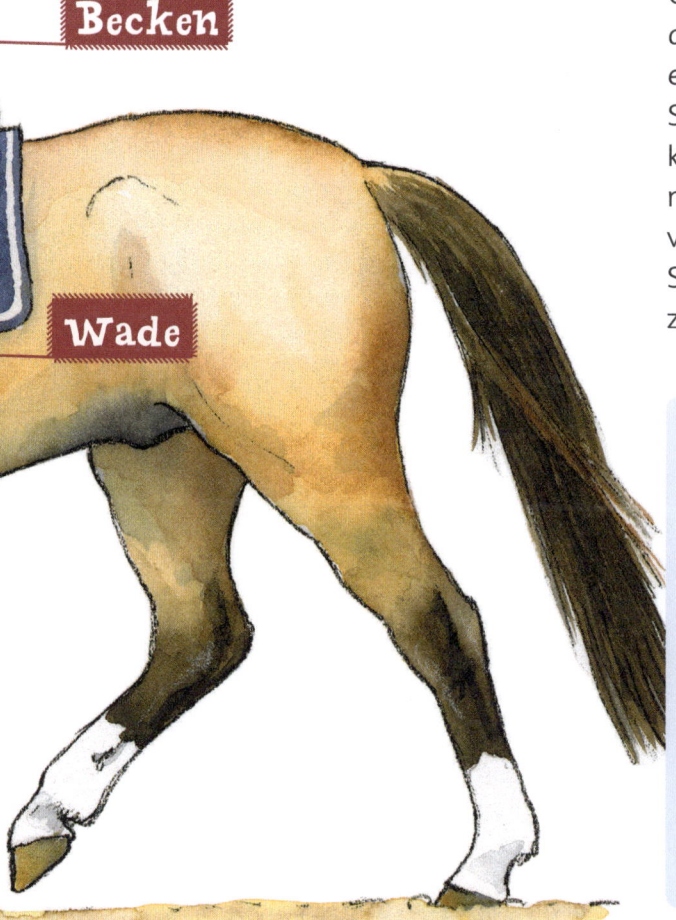

Rücken

Becken

Wade

TIPP

Am Anfang kommt einem das Pferd oder Pony riesig vor! Das Aufsitzen fällt leichter, wenn du von einem kleinen Tritt aus aufsitzen darfst – das ist außerdem für Pferde viel schöner, weil dann der Sattel nicht so stark zu der Seite belastet oder gar heruntergezogen wird, auf der du aufsitzt. In vielen Reitschulen darf man außerdem mal von rechts und mal von links aufsitzen – eine Seite fühlt sich meistens leichter an als die andere.

REITER-HILFEN

Was sind Hilfen – und welche gibt es?

Kaya weiß, dass Fredi sie nur versteht, wenn sie die richtigen Hilfen gibt – sonst bleibt er einfach stehen. Hilfen sind Signale, die sie mit ihrem Körper gibt und auf die das Pferd reagiert. Durch diese Signale kann Kaya ihrem Pferd drei wichtige Dinge verständlich machen:

- es weiß dann, in welcher Gangart Kaya reiten möchte,
- es fühlt, ob sie anhalten oder langsamer reiten will,
- es weiß, in welche Richtung sie reiten möchte.

Es gibt verschiedene Signale, die der Reiter dem Pferd „senden" kann – mit den Beinen, mit dem Oberkörper, mit der Hüfte, mit den Händen, die man später beim Reiten aber nicht hintereinander, sondern gleichzeitig gibt. Aber um sie erst einmal kennenzulernen, werden sie hier einzeln erklärt.

➔ Wofür dienen Hilfen

- In jeder gewünschten Gangart reiten zu können
- Immer anhalten zu können
- Jede gewünschte Richtung einschlagen zu können (also jede Bahnfigur!)

Die drei wichtigsten Hilfen

Die Signale, mit denen du dich dem Pferd verständlich machst, nennt man in der Reitersprache Hilfen. Man unterscheidet die drei wichtigsten Hilfen so:

Reiten ohne Sattel

Zügelbrücke

Zügelfäuste

„Die Hand steht still und sie bewegt sich doch", sagte der Reitmeister Egon von Neindorff. Was er damit meinte? Die Reiterhand folgt immer der Bewegung des Pferdes – und doch sieht es bei guten Reitern so aus, als würde sie sich überhaupt nicht vom Fleck rühren!

Gewichtshilfen – dein Oberkörper und dein Becken sind dafür zuständig, Gewichtshilfen zu geben. Du kannst dich nach vorne und nach hinten und zur Seite neigen und damit Gewichtshilfen geben.

Schenkelhilfen – deine Unterschenkel berühren den Pferdebauch – mal ganz leicht, mal etwas mehr. Wenn du beide Beine für einen kurzen Moment an den Pferdebauch legst oder drückst, ist dies für dein Pferd ein Signal, dass es vorwärts gehen soll.

Zügelhilfen – in den Händen hältst du die Zügel und auch damit sendest du Signale. Du musst mit den Zügelhilfen immer ganz vorsichtig sein, weil du damit das Gebiss im Maul des Pferdes bewegst. Wenn du beide Zügel etwas fester annimmst, ist das für dein Pferd das Signal, langsamer zu werden oder anzuhalten. Wenn du nur einen Zügel etwas fester annimmst, kannst du

damit die Richtung ändern, also „lenken". Daneben gibt es noch Hilfsmittel – das sind Gerte, Sporen und deine Stimme, mit der du ein Pferd beruhigen oder auch (durch Schnalzen) antreiben kannst.

Zügelbrücke

Wenn man sich noch nicht ganz sicher im Sattel fühlt, möchte man sich am liebsten mit den Händen irgendwo festhalten. Das ist auch in Ordnung – solange du dich nicht am Zügel festhältst, sondern an der Mähne oder einem kleinen Sicherheitsriemen, der sich vorne am Sattel befindet. Wenn du üben willst, deine Hände ganz ruhig zu halten, probiere mal mit Zügelbrücke zu reiten! Frag deine Reitlehrerin danach!

TREIBEN, DURCHPARIEREN, WENDEN

Treiben – so klappt es

Damit ihr Pony vorwärtsgeht, muss Kaya treiben. Dazu gehören drei Dinge: Erstens muss sie ihre Waden an den Pferdebauch legen und somit dem Pony das Signal senden: vorwärts! Bei manchen Ponys muss man das ganz leicht tun, bei anderen ein bisschen doller. Zum Treiben gehört aber noch etwas anderes: Kaya muss ihrem Pony auch mit dem Oberkörper zu verstehen geben, dass es vorwärts gehen soll. Und schließlich müssen ihre Hände ganz leicht nach vorne gehen – diese drei Dinge zusammen bewirken, dass Fredi vorwärtsgeht.

Durchparieren – was heißt das?

Es gibt beim Reiten ganz schön viele Fachwörter, die Kaya erstmal fremd waren. Mittlerweile hat sie gelernt, was diese Wörter bedeuten. Durchparieren ist eins davon: Je nachdem, in welchem Zusammenhang ihre Reitlehrerin das Wort benutzt, kann es heißen:

• Anhalten, hier sagt die Lehrerin: *„Durchparieren zum Halten!"*,
• von einer höheren in eine niedrigere Gangart wechseln, hier sagt die Lehrerin: *„Durchparieren (vom Galopp) zum Trab"* oder *„Durchparieren (vom Trab) zum Schritt.*

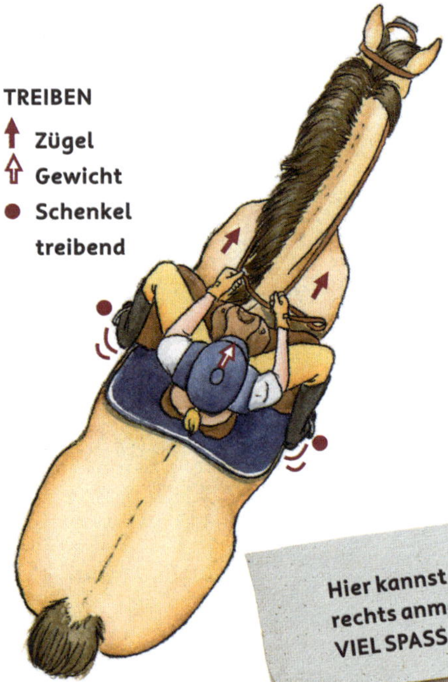

TREIBEN

↑ Zügel
⇧ Gewicht
● Schenkel treibend

DURCHPARIEREN

■ Zügel verwahrend
↰ Gewicht
● Schenkel treibend

Hier kannst du das Bild rechts anmalen! VIEL SPASS DABEI!

Auch zum Durchparieren braucht Kaya Gewichts-, Schenkel- und Zügelhilfen.

Gewichtshilfe: Sie zieht ihren Bauchnabel ein kleines bisschen ein, dadurch ergibt sich automatisch, dass ihr gerader Oberkörper etwas nach hinten kippt.

Schenkelhilfe: Sie legt die Beine ganz ruhig ans Pferd (ganz leicht weitertreiben).

Zügelhilfe: Sie schließt ihre Fäuste ein bisschen, so dass sie etwas mehr Kontakt als vorher zum Pferdemaul hat.

Rechts- oder linksherum?

Kaya hat früher immer gedacht, dass sie rechts- oder linksherum reiten kann, indem sie einfach ein bisschen am Zügel zieht: rechtsherum reiten heißt rechts ziehen, linksherum reiten heißt links ziehen. Aber genau wie beim Treiben und Durchparieren ist ihr Körper auch bei jedem Richtungswechsel sozusagen von Kopf bis Fuß daran beteiligt.

Zügelhilfe: Soll es nach rechts gehen, guckt sie auch dorthin. Ihre rechte Hand geht etwas zurück, ihre linke Hand etwas vor. Das fühlt sich fast so an, als hätte man nicht Zügel, sondern einen Fahrradlenker „in der Hand".

Gewichtshilfe: Wenn sie nach rechts guckt, dreht sich ihr Körper automatisch dorthin und ihr Gewicht verlagert sich von ganz allein nach rechts.

Schenkelhilfe: Durch das „Nach-rechts-Gucken" hängt ihr rechtes Bein locker herunter, das linke „drückt" das Pferd ein kleines bisschen nach rechts rüber.

ABWENDEN NACH RECHTS
↑↓ Zügel
⇧ Gewicht
● Schenkel treibend

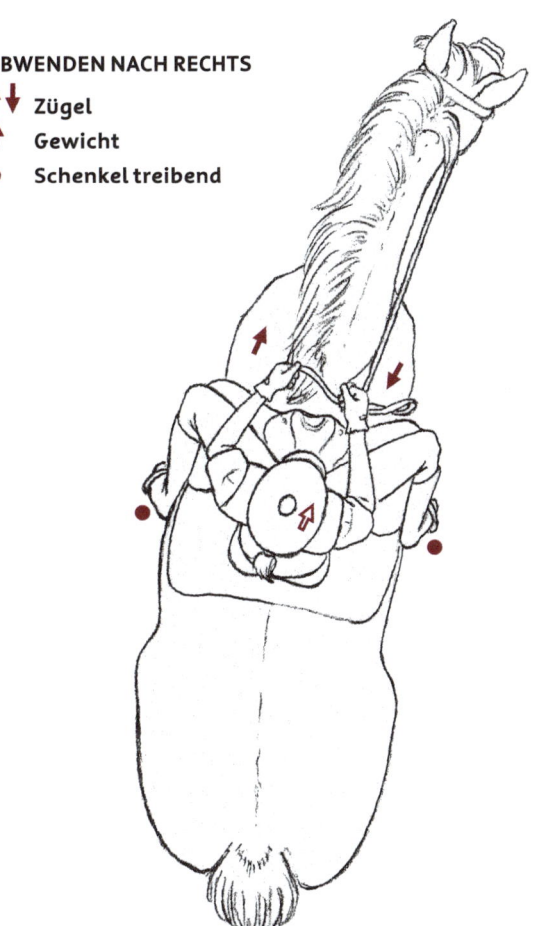

TIPP

Um zu fühlen, wie stark die Signale für dich und dein Pferd sein müssen, kannst du im Schritt ausprobieren, ob du allein mit Gewichts- und Schenkelhilfen die Richtung ändern kannst – zum Beispiel indem du mit hingegebenen (durchhängenden) Zügeln aus dem Zirkel wechselst!

Schritt, Trab, Galopp

Jedes Pferd hat drei Gangarten – manche Rassen wie die Isländer auch noch mehr. Die drei Gangarten unterscheiden sich hauptsächlich durch zwei Dinge: erstens im Tempo und zweitens im sogenannten Takt. Das ist das Aufkommen der Pferdehufe in der jeweiligen Gangart. Hör mal genau hin, wenn ein Pferd in der Bahn bewegt wird: Du hörst 1-2-3-4 beim Schritt, du hörst 1-2 beim Trab und du hörst 1-2-3 beim Galopp. Darum sagt man: Der Schritt ist ein Viertakt, der Trab ist ein Zweitakt und der Galopp ist ein Dreitakt.

Schritt

Der Schritt ist die angenehmste und langsamste Gangart des Pferdes – und es ist auch die Gangart, in der sich Pferde am meisten bewegen: Denn beim Grasfressen auf der Wiese gehen sie meistens auch Schritt! Ungefähr sieben Kilometer in der Stunde kann ein Pferd im Schritt zurücklegen. Im Schritt „schaukelt" es recht gemütlich auf dem Pferd – das kommt, weil das Pferd immer irgendeinen seiner Hufe am Boden hat!

TIPP

Wenn du eine neue Bahnfigur ausprobieren möchtest, versuche es immer zuerst im Schritt. Da hast du am meisten Zeit zu fühlen, welche Hilfen nötig sind und wie doll du sie einsetzen musst.

Galopp

Das ist die schnellste Gangart des Pferdes – Rennpferde können sogar bis ungefähr 70 Stundenkilometer schnell galoppieren, das ist fast so schnell, wie ein Auto auf einer Landstraße fahren darf! Aber der Galopp in der Reitbahn ist natürlich nicht so schnell, in einem ganz normalen Galopp ist das Pferd ungefähr 15 bis 20 Stundenkilometer schnell. Man hört im Galopp das Aufsetzen der Hufe ganz deutlich „Pa-da-bam", dann hebt das Pferd für kurze Zeit mit allen Beinen „vom Boden ab". Galopp ist zwar schneller als Trab, aber viele Reiter finden diese Gangart viel bequemer als Trab!

Trab

Im Trab wird's schon schneller. Hier bewegt das Pferd immer zwei Beine auf gleiche Weise, darum sagt man auch, dass der Trab ein Zweitakt ist. Zum Beispiel schwingen das rechte Vorderbein und das linke Hinterbein gleichzeitig vor, dann andersherum. Jeweils dazwischen ist gar kein Bein am Boden, das nennt man Schwebephase. Und weil auch mal alle Beine in der Luft sind, kommt das Pferd ganz schön ins Schwingen – und man selbst ins Schwitzen!

TIPP

Jede Gangart hat ihren Takt, darum muss man als Reiter auch „im Takt treiben" können. Das heißt: im Schritt mit der rechten und linken Wade abwechselnd, im Trab immer, wenn zwei Beine am Boden sind und im Galopp sozusagen „einmal pro Dreitakt", nämlich beim „-bam" – alles klar?

Kannst du alle Wörter finden?

Hilfe, in diesem Riesen-Buchstabengewimmel haben sich zehn Fachbegriffe versteckt, die jeder Reiter kennen muss. Kannst du sie finden?

Tipp: Die Fachbegriffe stehen senkrecht oder waagerecht!

G	E	W	I	C	H	T	S	H	I	L	F	E	N
H	S	G	B	G	I	N	S	A	U	T	N	E	Z
I	T	A	K	T	K	G	D	F	N	G	T	K	Ü
L	M	L	Z	U	X	A	H	Z	Q	A	R	A	G
F	F	O	K	D	F	N	J	Q	E	N	E	N	E
E	B	P	W	U	T	G	Ä	U	I	R	I	R	L
N	A	P	G	Z	U	A	B	P	T	E	B	Ä	S
G	H	E	T	U	I	R	M	L	E	I	E	B	I
E	R	I	A	N	P	T	N	M	N	T	N	F	L
B	D	U	R	C	H	P	A	R	I	E	R	E	N
U	F	N	P	E	G	T	R	Y	W	N	S	B	E
N	B	K	O	A	U	F	S	I	T	Z	E	N	H
G	E	A	U	F	R	P	B	M	G	S	W	U	C

Reiter-Puzzle

Wo gehört welches Teil hin? Zeichne Linien zu den Puzzleteilen.

DIE REITBAHN – DA GEHTS LANG

HIER LERNST DU …

PRÜFUNGSWISSEN

❖ Aufteilung der Reitbahn

❖ Figuren, die man reiten kann

❖ „Verkehrsregeln" in der Reitbahn

❖ Überblick: Reitkommandos

Die ersten Reitstunden hast du bestimmt an der Longe absolviert. In der Abteilung reitest du ohne Longe in einer Gruppe. Solange einer vorneweg „an der Tete" reitet, ist das ja kein Problem – da kann man einfach hinterherreiten. Doch viel mehr Spaß macht es natürlich, ganz allein zu bestimmen, in welcher Gangart man wohin reiten will. Die Reitregeln sind zum Glück aber nicht von Stall zu Stall verschieden – es gibt einige Vorgaben, die gelten überall.

Viereck – oder Rechteck?

Wenn du dir nicht den Wind bei einem herrlichen Ausritt um die Nase wehen lässt (auch hierzu gibt es natürlich ein paar Regeln, siehe Seite 62!), dann bist du in der Reitbahn. Die hat meistens ein bestimmtes Maß – 20 mal 40 Meter. Wenn du jetzt gut in Mathe aufgepasst hast, weißt du: Das ist ein Rechteck.

Dennoch spricht man bei Reitern entweder von der „Reitbahn" oder vom „Viereck". Naja, es ist auch nur ein bisschen unlogisch, denn auch ein Rechteck hat vier Ecken und kann somit als „Viereck" bezeichnet werden. Dieses Maß ist gebräuchlich, weil Wettkämpfe auf Turnieren in den unteren und mittleren Klassen auf einem 20 x 40-Meter-Viereck ausgetragen werden.

So findest du dich im Viereck zurecht

Um sich auf dem Viereck gut zurechtzufinden, gibt es die sogenannten Bahnpunkte – je einen an der kurzen Seite und je drei an den langen Seiten. Jeder Punkt hat einen Buchstaben, das erleichtert das Reiten in der Abteilung, aber auch jede Einzelaufgabe. Dazu gibt es noch den Mittelpunkt der Reitbahn, der heißt **X**. So kann der Reitlehrer zum Beispiel sagen: „Bei F abwenden" und jeder weiß genau, wo das ist. So einen Punkt wie F nennt man „Wechselpunkt" – davon gibt es insgesamt vier. Dazu gibt es noch Zirkelpunkte – vier pro Zirkel. Das hilft total, wenn der Reitlehrer das Kommando gibt: „Auf dem Zirkel geritten!", weil man dann immer einen Punkt nach dem nächsten ansteuern kann.

TIPP

*Die Bahnpunkte **M**-**B**-**F**-**A**-**K**-**E**-**H**-**C** Merke dir die Reihenfolge der Bahnpunkte mit einem selbst ausgedachten Satz, zum Beispiel: **M**ein **B**ester **F**reund **A**nton **K**auft **E**ine **H**albe **C**itrone. Welcher Satz fällt dir ein?*

DIE BAHN-FIGUREN

TIPP

Wenn der Abstand zum Vordermann zu groß wird, runde einfach mal eine Ecke ein bisschen ab, um wieder einen guten Abstand zu bekommen. Das ist besser als die ganze Abteilung auseinanderzuziehen!

Reiten in der Abteilung

Die ersten Reitstunden ohne Longe wirst du sicher in der Abteilung absolvieren – also in einer Gruppe mit mehreren Reitern. Der Anführer der Abteilung heißt „Tetenreiter" – er muss die Bahnregeln und die Kommandos sicher beherrschen und macht dadurch den anderen vor, was man als nächstes tun soll. Hör trotzdem immer gut zu – damit du auch mal an der Tete reiten darfst.

Der Reitlehrer kündigt mit seinen Kommandos immer die Gangarten und die Bahnfiguren an, die geritten werden sollen. Er sagt

zuerst: „Abteilung bilden, Kaya an die Tete." Kaya ruft dann: „Anfang hier", und hebt den Arm. Dahinter reihen sich die anderen Reiter ein oder der Reitlehrer legt die Reihenfolge fest. Achtung: Halte immer mindestens eine Pferdelänge Abstand zu deinem Vordermann, damit das Vorderpferd nicht nach deinem Pferd ausschlagen kann!

Eine Pferdelänge Abstand

Bahnfiguren

Am Anfang ist es richtig toll, in der Reitbahn einfach außenherum zu reiten. Doch wenn du schon ein bisschen besser reiten kannst, wird das auch schnell langweilig. Abwechslung bieten Bahnfiguren – allerdings wurden sie nicht erfunden, um den Reiter besser zu unterhalten. Bahnfiguren haben mehrere Vorteile:

- Sie helfen, das Pferd beweglich und geschmeidig zu machen.
- Der Reitlehrer kann gut sehen, ob du dein Pferd wirklich gut „lenken" kannst.
- Andere Reiter können besser voraussehen, wohin du als nächstes reitest.
- Auf Turnieren müssen alle Reiter die gleichen Figuren reiten. So kann ein Richter gerecht beurteilen, wer die Figuren am besten ausführt.

Wenn du im Reitunterricht mitreitest, lernst du schnell zwei Dinge auf einmal: Wie die verschiedenen Bahnfiguren heißen – und welche Kommandos der Reitlehrer gibt. Er beginnt meistens mit dem Wort: „Abteilung – ..." und dann folgt die Ansage der Bahnfigur.

Lob tut gut!
Du kannst „Brav" oder „Gut gemacht" sagen oder das Pferd am Hals sanft klopfen – schau dabei mal auf die Ohren!

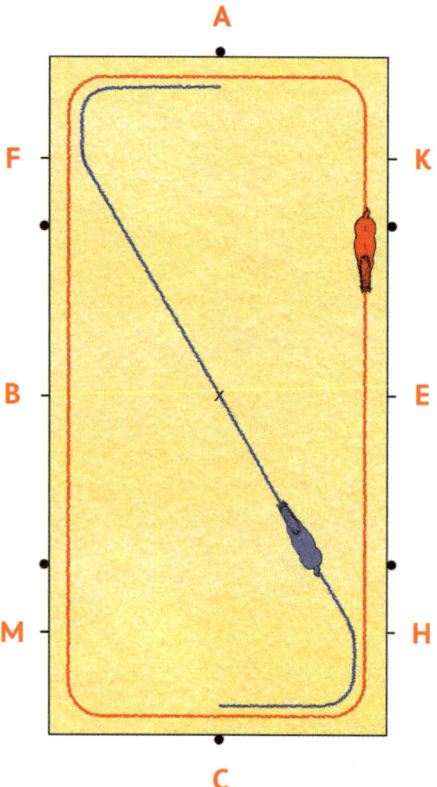

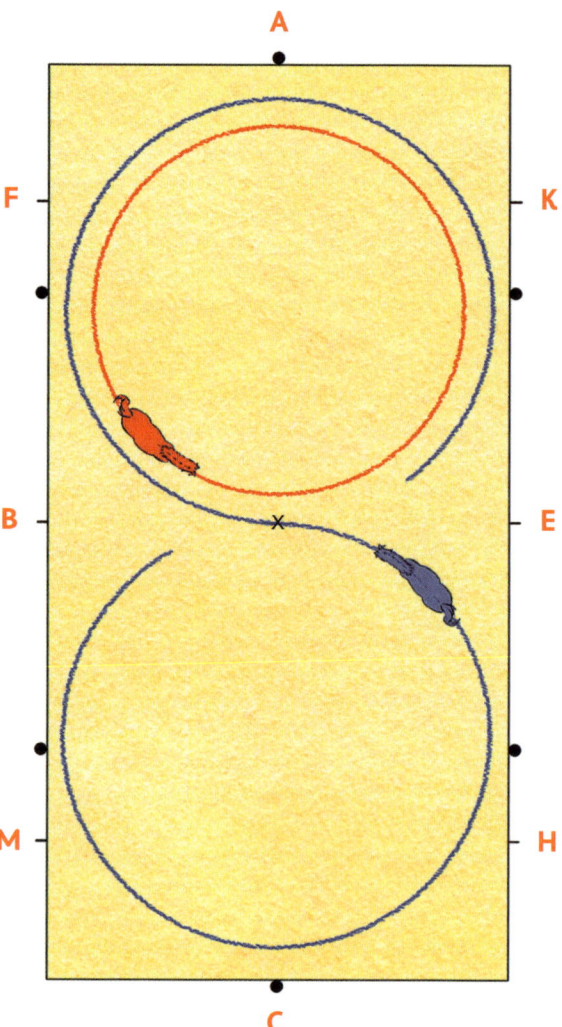

(Abteilung) ganze Bahn: Du reitest außenherum auf dem Hufschlag. In einer Abteilung darfst du linke und rechte Hand immer außen auf dem Hufschlag reiten. Wenn du allein reitest: Linke Hand hat Vorfahrt, rechte Hand muss ausweichen!

(Abteilung) durch die ganze Bahn wechseln: Beim nächsten Wechselpunkt abwenden und schräg durch die Bahn den passenden Wechselpunkt ansteuern.

(Abteilung) auf dem Zirkel geritten: Du reitest auf dem nächstmöglichen Zirkel. Mache ihn schön rund, gucke immer von einem Zirkelpunkt zum nächsten!

(Abteilung) aus dem Zirkel wechseln: Damit wechselst du die Hand – also zum Beispiel von der linken zur rechten Hand. Der Wechsel findet bei X, also im Mittelpunkt der Bahn, statt. Dort reitest du nicht länger links, sondern rechtsherum weiter und guckst nun auf die neuen Zirkelpunkte.

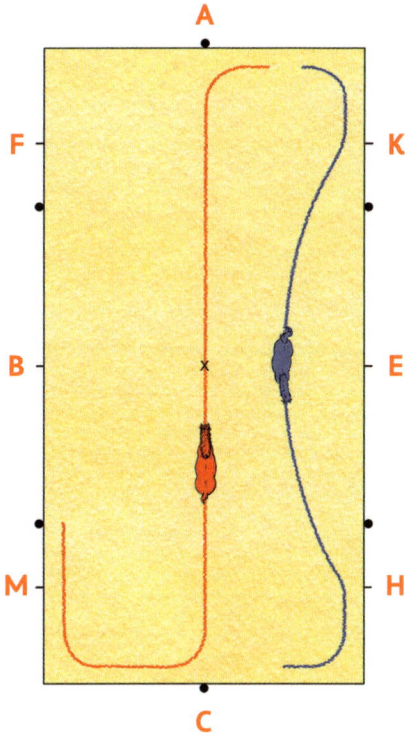

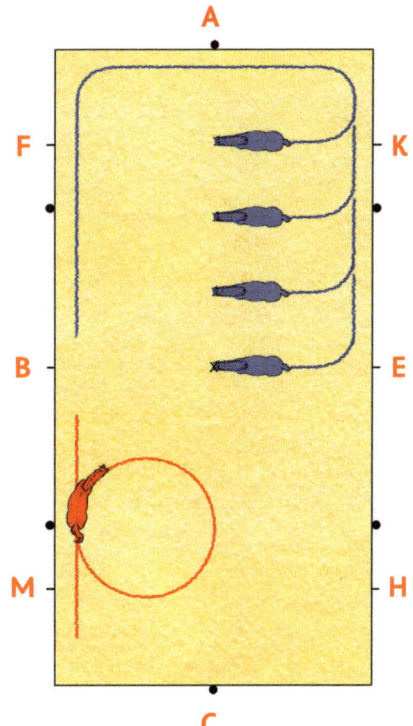

(Abteilung) durch die Länge der Bahn wechseln: Hier wendest du am Bahnpunkt der nächsten kurzen Seite ab (also bei A oder bei C) und reitest geradeaus einmal längs durchs Viereck. Am Ende: Wenn du vorher linksherum geritten bist, musst du jetzt rechts abwenden!

(Abteilung) an der nächsten langen Seite eine einfache Schlangenlinie: Diese Figur macht richtig Spaß, es geht erst in einem langen Bogen weg vom Hufschlag und dann zurück. Kannst du das schon?

TIPP

Wenn dir einer entgegenkommt, der die gleiche Figur reitet: Immer rechts bleiben, wie im Straßenverkehr!

(Abteilung) Volte – marsch: Erst bei dem Wort „Marsch" wendet jeder für sich auf einen kleinen Kreis ab, der bis zur Mitte der Bahn geht und dann wieder zurück zum Hufschlag. Das sieht, wenn alle eine schöne, runde Volte reiten können, in einer Abteilung richtig toll aus – wenn du mal vor deinen Eltern oder Freunden angeben willst!

Anfang rechts dreht, links marschiert auf – Anfang haaalt: Das ist der Anfang vom Ende ... das heißt, die Reitstunde ist nun vorbei. Der Tetenreiter wendet vom Hufschlag in Richtung Mittellinie ab und hält auf das Kommando „Haaalt" an. Alle anderen wenden jeweils eine Pferdelänge nach ihrem Vordermann ab und halten selbstständig auf gleicher Höhe wie der Tetenreiter. Dann warten alle gemeinsam auf das Kommando zum Absitzen.

Rätsel ??

Bahnregeln

Stell dir vor, jeder würde im Straßenverkehr machen, was er will – das würde ein Chaos geben, oder? Genauso wäre es auch im Viereck, wenn sich dort mehrere Reiter tummeln. Darum gibt es Bahnregeln, die du sicher schon kennst. Teste dein Wissen und kreuze an, was richtig ist!

Was mache ich, wenn ...
(Tipp: Die Bahnregel findest du auf der Seite 79)

1. ... ich mit meinem Pferd die Reitbahn betrete?

☐ Ich rufe laut: „Achtung, ich komme!", und marschiere sofort in die Bahn.

☐ Ich flüstere leise: „Darf ich reinkommen?", und hoffe, dass mich irgendwann jemand hört.

☐ Ich rufe laut und deutlich: „Tür frei, bitte", und warte, bis ich die Antwort „Ist frei" bekomme.

2. ... ich Schritt reite?

☐ Ich bleibe grundsätzlich ganz außen auf dem Hufschlag.

☐ Ich bleibe grundsätzlich innen auf dem zweiten oder dritten Hufschlag.

☐ Ich reite linke Hand auf dem Hufschlag und rechte Hand auf dem zweiten Hufschlag.

3. ... ich auf der linken Hand im Trab „Ganze Bahn" reite?

☐ Ich rufe: „Platz da!", und habe immer Vorfahrt.

☐ Ich darf im Trab und Galopp auf dem Hufschlag bleiben.

☐ Ich darf auf der linken Hand sowieso in jeder Gangart auf dem Hufschlag reiten.

4. ... ich auf dem Zirkel reite und jemand anderes „Ganze Bahn"?

☐ Damit wir nicht zusammenstoßen, gebe ich Vollgas und setze mich vor den anderen Reiter.

☐ Ich halte genügend Abstand und bleibe innen. Ganze Bahn bleibt außen, Zirkel weicht nach innen aus!

☐ Ich muss die Richtung wechseln, auch wenn ich das gar nicht will.

5. ... ich im Galopp einen Reiter überholen möchte?

☐ Ich rufe laut „Überholmanöver", dann muss der andere Reiter mir den Hufschlag lassen.

☐ Ich muss einen Reiter grundsätzlich innen überholen.

☐ Ich muss durchparieren und darf erst weiterreiten, wenn ich genügend Platz habe.

6. ... ich auf der rechten Hand im Galopp „Ganze Bahn" reite?

☐ Ich muss grundsätzlich auf dem zweiten Hufschlag reiten.

☐ Ich muss den Reitern auf der linken Hand ausweichen.

☐ Im Galopp habe ich auf beiden Händen Vorfahrt.

7. ... wenn mir heiß ist und ich meine Jacke ausziehen möchte?

☐ Ich halte auf dem Hufschlag an und erwarte, dass es alle mitbekommen und mir ausweichen.

☐ Ich rufe laut „Hufschlag frei, bitte", und warte auf die Antwort: „Ist frei".

☐ Ich rufe laut „Hufschlag frei, bitte", und bleibe dann sofort stehen.

KLEINE UND GROSSE HÜPFER

HIER LERNST DU ...

PRÜFUNGSWISSEN

❖ Über Stangen im Schritt, Trab und Galopp

❖ Kleine Hindernisse überwinden

❖ Der erste Ausritt

❖ Verhaltensregeln im Gelände

Nur Fliegen ist schöner! Wer zum ersten Mal über eine Stange geritten oder gar einen kleinen Sprung genommen hat, dem klopft ganz schön das Herz! Aber keine Angst: Wenn du sattelfest bist, dann wird dich auch ein kleiner Sprung nicht aus dem Sattel werfen! Sowohl das Springen als auch das Reiten im Gelände machen einen Riesenspaß, beides wird aber erst beim Reitabzeichen Klasse 7 verlangt.

Anders sitzen – warum?

Wenn du anfängst, über Stangen oder Sprünge zu reiten, musst du einen anderen Sitz einnehmen – den Entlastungssitz, man sagt auch „Leichter Sitz" dazu. Entlasten tust du dabei den Pferderücken. Normalerweise sitzt man gerade und mit dem Po dicht am Sattel – wenn du aber im Parcours oder im Gelände galoppierst, dann „kippst" du den Oberkörper aus dem Becken heraus ein bisschen nach vorne und hebst den Po leicht aus dem Sattel – du „stehst" sozusagen in den Steigbügeln. Damit das funktioniert, müssen die Steigbügel etwa zwei bis drei Löcher kürzer geschnallt werden. Frag mal deinen Reitlehrer!

Reiten über Stangen

Kaya übt den „Leichten Sitz", indem sie in der Reitstunde über Stangen reiten darf, die am Boden liegen. Das Pferd hebt dabei seine Beine ein bisschen mehr an als normalerweise – im Schritt merkt Kaya das kaum, im Trab fühlt sich die Gangart für sie ein bisschen schwungvoller an und im Galopp macht das Pferd einen kleinen Hüpfer über die Stange und Kaya hat das Gefühl, nach vorne „geworfen" zu werden.

Stell dich im Schritt mal in die Bügel und stütze dich erstmal mit den Händen ein bisschen am Hals ab, um ein Gefühl für diese Sitzform zu entwickeln. Wenn du im Trab über Stangen reitest, solltest du leichttraben, um den Pferderücken zu entlasten, oder bei mehreren Stangen sogar den Po während der ganzen Zeit leicht aus dem Sattel heben. Und im Galopp hebst du den Po in dem Moment, in dem das Pferd den Hüpfer über die Stange macht und setzt dich hinterher wieder weich in den Sattel hinein.

Dein Reitlehrer legt euch bestimmt einmal Stangen in die Bahn zum Üben! Schau genau hin: Wenn er mehr als eine Stange hinlegt, dann haben die Stangen immer einen bestimmten Abstand zueinander – das liegt daran, dass das Pferd in den unterschiedlichen Gangarten unterschiedlich weit vortritt.

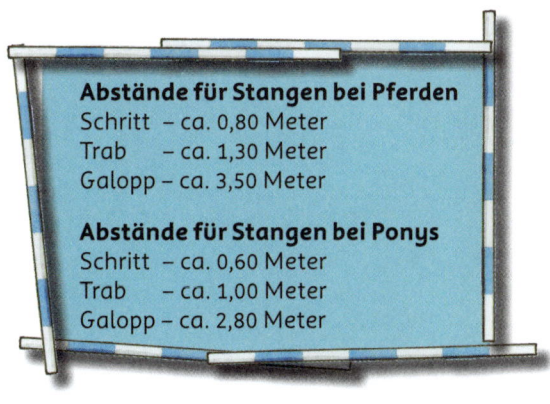

Abstände für Stangen bei Pferden	
Schritt	– ca. 0,80 Meter
Trab	– ca. 1,30 Meter
Galopp	– ca. 3,50 Meter

Abstände für Stangen bei Ponys	
Schritt	– ca. 0,60 Meter
Trab	– ca. 1,00 Meter
Galopp	– ca. 2,80 Meter

TIPP

Übe öfter zwischen Hütchen hindurch zu reiten. Damit lernst du, hinzuschauen, wo du hinreiten willst, und später dann auch zielgenau auf die Hindernisse zuzusteuern.

Wer mal Meister werden will ...

Wenn der berühmte Springreiter Ludger Beerbaum mit seinem Pferd über Hindernisse fliegt, sind diese ungefähr so hoch wie das Pferd selbst – bei Weltmeisterschaften etwa sind die Hindernisse zwischen 1,50 und 1,65 Metern hoch und oft genauso weit. Aber er fängt auch immer klein an, damit dem Pferd das Springen Spaß bringt. In der Reitschule springst du erst einmal über Cavaletti, das sind Stangen, die an ihren Enden so an Kreuzen befestigt sind, dass man sie in drei Höhen stellen kann: ca. 15 Zentimeter, ca. 30 Zentimeter und ca. 50 Zentimeter.

Die Mitte treffen

Du kannst es dir und dem Pferd leichter machen, über die Stangen zu reiten, indem du versuchst, immer die Mitte der Stange (und später des Sprunges) zu treffen. Eine Stange ist ungefähr drei Meter breit und wenn du die Mitte anreitest, weiß das Pferd ganz sicher, dass du auch da rüber willst. Je weiter du zur Seite ausweichst, desto wahrscheinlicher ist es, dass das Pferd dem Hindernis aus dem Weg geht und vorbeiläuft!

Cavaletti

... ist ein italienisches Wort für Bock oder Ständer. In Italien gab es Ende des 19. Jahrhunderts einen Rittmeister, Federico Caprilli, der den „Leichten Sitz", wie er heute gelehrt wird, erfunden hat – und er führte auch die kleinen praktischen Hindernisse ein.

Der erste Parcours

Wenn einzelne Sprünge gelingen, dann reitest du deinen ersten Parcours – also eine festgelegte Runde, in der du mehrere Sprünge überwinden sollst. Das macht total Spaß! Aber nur, wenn du dich ganz sicher fühlst und dein Pferd immer genau dorthin lenken kannst, wo der nächste Sprung ist. Das Wichtigste beim Parcours-Reiten ist darum: Schau immer voraus – schon beim ersten Sprung musst du wissen, wo der zweite ist und dein Pferd dorthin lenken. In der Reitstunde übst du zuerst, einen einzelnen Sprung zu überwinden, dann zwei und so weiter. Hilfreich ist es auch, wenn zwischen den Hindernissen Hütchen aufgebaut sind, die den Weg markieren.

TIPP

Um das Anreiten der Mitte zu üben, legt der Reitlehrer gern zwei Stangen wie ein umgekehrtes V vor die Stange oder später den Sprung. Oder er baut aus zwei Stangen ein Kreuz, sodass die Mitte leichter anzureiten ist.

Über Felder und Wiesen

Kaya hat schon lange davon geträumt, ins Gelände zu gehen – über Felder und Wiesen zu galoppieren, sich den Wind um die Nase wehen zu lassen und unter sich das Pferd galoppieren zu fühlen. Herrlich! Aber zuerst geht es im Schritt raus aus der Reitbahn und – rauf auf die Straße! Zum Glück hat Kaya in der Schule schon ihre Fahrradprüfung gemacht und kennt die Verkehrsregeln – denn viele davon gelten natürlich auch für Reiter!

Gemeinsam Spaß haben

Bevor du das erste Mal ausreitest, kannst du üben, dich im Gelände oder draußen auf der Wiese von einer Freundin zu Fuß begleiten zu lassen. So lernst du die Reaktionen deines Ponys im Gelände kennen und hast eine Helferin dabei, falls nötig. Sie kann das Pferd beruhigen, vorausgehen, falls etwas Unbekanntes euren Weg kreuzt, oder das Pferd auch am Zügel führen.

„Verkehrsregeln" im Gelände

Das Wichtigste im Gelände und Straßenverkehr ist, dass Kaya immer auf den Tetenreiter achtet – der hat nämlich die Verantwortung für die Gruppe. Der gibt das Tempo vor und zeigt an, in welche Richtung geritten wird. Und wichtig ist natürlich auch, dass

Kaya – bei aller Freude über den Ausritt – nicht vergisst, auf ihr Pferd zu achten: Ist es konzentriert auf sie oder lässt es sich ablenken durch Fußgänger, vorbeifahrende Autos, andere Pferde auf Nachbarweiden? Sie weiß, dass sie dann die Zügel ein bisschen mehr aufnehmen und ganz konzentriert bleiben muss – denn jedes Pferd ist und bleibt ein Fluchttier ... (siehe Seite 15!)

Damit alle mitbekommen, wohin die Reise geht, gibt der Tetenreiter Handzeichen – so können alle gleich sehen, ob es vorwärtsgeht, ob man durchparieren muss oder ob man rechts oder links abbiegen soll. Er hebt die Hand, wenn sich Gangart oder Richtung ändern.

Ausreiten

Auf manchen Reiterferienhöfen gibt es Gräben, durch die man reiten kann. Am besten erstmal im Schritt, um zu sehen, wie tief das Wasser ist! Wenn du dich traust und dein Pferd das Wasser kennt, kannst du auch mal im Trab oder Galopp durchs Wasser reiten. Aber Achtung: das spritzt!

Grundregeln Ausreiten

In einer Gruppe unterwegs zu sein klappt nur, wenn sich alle an ein paar Regeln halten – das kennst du sicher schon von Klassenreisen oder Schulausflügen. Beim Ausreiten ist das nicht anders. Die fünf wichtigsten Regeln findest du hier:

- Reite immer in einer Gruppe (mindestens zwei).
- Der Tetenreiter hat das Sagen, schau immer, was er macht!
- Achte auf die Umgebung – auf vorbeifahrende Autos, Fußgänger, Radfahrer, Hunde, Pferde auf der Nachbarkoppel, und sei darauf vorbereitet, dass dein Pferd all dies auch bemerkt!
- Beachte die Straßenverkehrsregeln, wenn du auf der Straße reitest: Hintereinander reiten, rechts am Rand bleiben!
- Halt an und ruf laut, dass du anhältst, wenn dich irgendetwas unsicher macht!

Rätsel

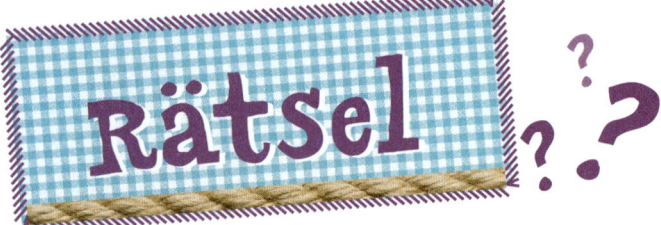

Kreuzworträtsel

1 Wird auch Entlastungssitz genannt.
2 Mehrere Hindernisse auf einem Platz.
3 Hindernis, das am Boden liegt.

A Hohes und breites Hindernis.
B Hohes und schmales Hindernis.
C Der erste Reiter in der Abteilung.

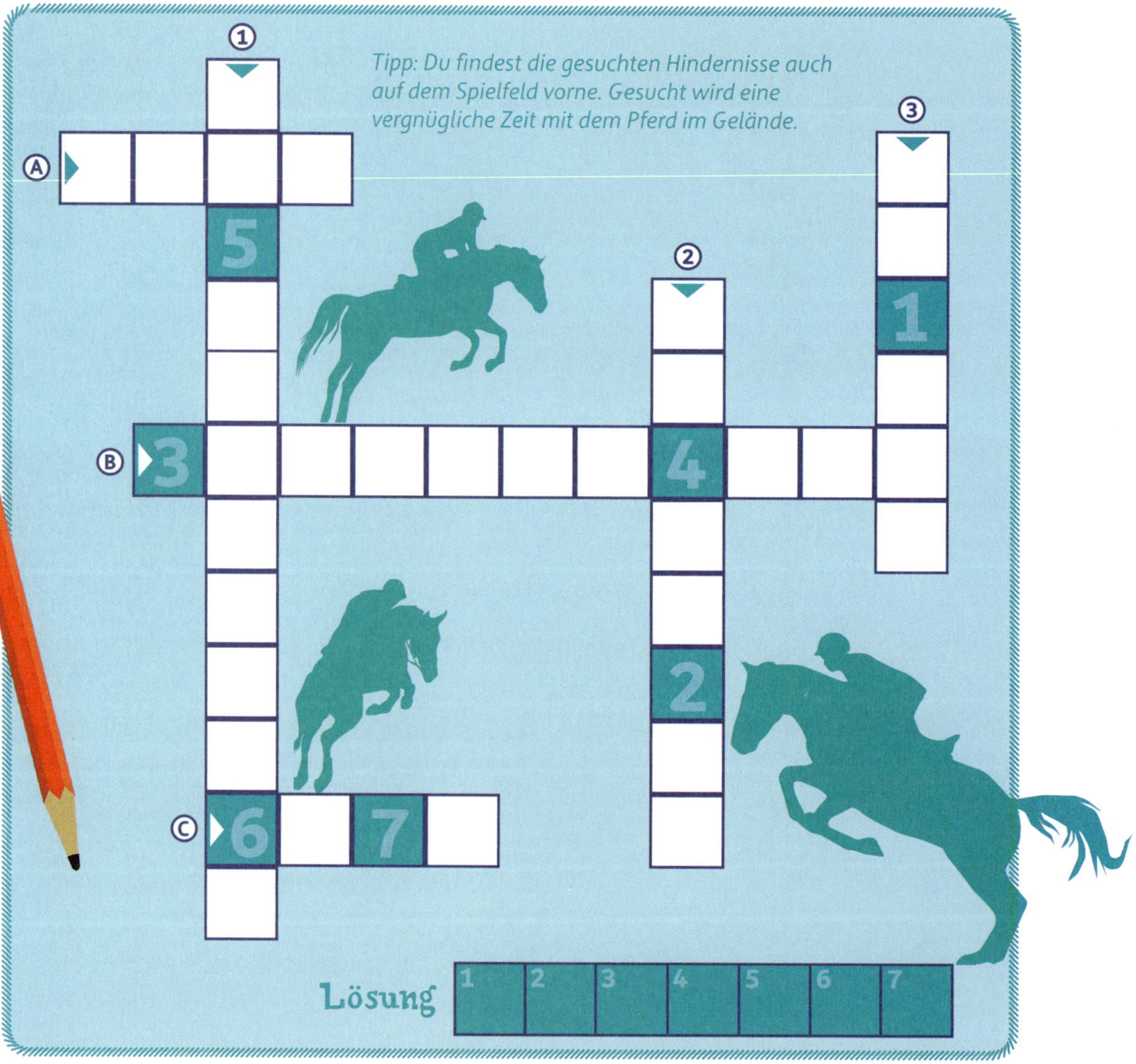

Tipp: Du findest die gesuchten Hindernisse auch auf dem Spielfeld vorne. Gesucht wird eine vergnügliche Zeit mit dem Pferd im Gelände.
1
2
3
A
B
C
Lösung
1 2 3 4 5 6 7

Lückentext

Liebe Lena,

heute war es endlich soweit: Ich habe das erste Mal einen _ _ _ _ _ _ _ gemacht! Mein Herz klopfte bis zum Hals, als ich mit Fredi die _ _ _ _ _ _ _ _ verlassen durfte, um ins _ _ _ _ _ _ _ zu gehen. Natürlich nicht allein, sondern in der _ _ _ _ _ _. Wir sind erstmal im Schritt die Straße entlang geritten, und dann nach Handzeichen vom _ _ _ _ _ _ _ _ _ _ _ rechts auf einen Feldweg abgebogen. Und dann ging es los! Erst im Trab, dann im _ _ _ _ _ _ flogen wir den Weg entlang, ich hab gedacht, gleich fall ich runter vor Glück! Fredi war sehr brav, nur auf der _ _ _ _ _ _ etwas abgelenkt, da musste ich die _ _ _ _ _ etwas mehr aufnehmen. Auf dem Rückweg kamen wir an einer Koppel vorbei, und alle Pferde galoppierten wild auf uns zu. Zum Glück blieb Fredi dabei ganz ruhig. Hast du Lust, nächste Woche auch mit uns _ _ _ _ _ _ _ _ _ _ _ _?
Viele Grüße, Kaya

DER GANZ GROSSE TAG

Endlich soll es losgehen – Kaya macht heute ihre erste Reitabzeichenprüfung. Sie hat schon am Abend vorher ihre Reitstiefel geputzt und sich saubere Reitkleidung herausgelegt. Anders als auf einem Turnier muss man bei den ersten Reitabzeichenprüfungen meistens noch keine Turnierkleidung tragen – aber sauber und ordentlich sollte natürlich alles sein!

HIER LERNST DU ...

PRÜFUNGSWISSEN

❖ So läuft die Theorieprüfung ab

❖ So läuft die praktische Prüfung ab

❖ Viele nützliche Tipps für den Prüfungstag

❖ Die Abzeichen: Übersicht

Immer vorweg: der Lehrgang

Um eine Reitabzeichenprüfung der Klassen 10 bis 7 zu absolvieren, muss man zuvor einen Lehrgang besucht haben, das ist so vorgeschrieben. Und es ist auch sehr sinnvoll, denn **im Lehrgang wirst du auf alles vorbereitet, was später auch in der Prüfung vorkommen kann.** So hält sich die Aufregung vor der Prüfung ein bisschen in Grenzen!

Der Lehrgang dauert zwischen fünf Tagen und einer Woche, je nachdem, wo du ihn machst. Viele Reiterferienhöfe und Reitschulen bieten solche Lehrgänge an. Oft geht er von Samstag bis Samstag oder aber von Montag bis Freitag.

Wer darf die Prüfung machen?

Die Reitabzeichen 10 bis 7 wurden früher nur für Kinder und Jugendliche angeboten, je nach Abzeichen durfte man nicht älter als 16 oder 18 Jahre alt sein. Das hat sich geändert: Jetzt sind diese Reitabzeichen **für alle Altersklassen offen**, das heißt, sogar Kayas Eltern oder ihre Oma könnten die Prüfungen absolvieren. Hauptsächlich aber werden sie immer noch für Kinder angeboten. In den letzten Jahren haben mehr als 16.000 Kinder ihr „Kleines Hufeisen" gemacht, dies ist nun das „Reitabzeichen Klasse 9". Meistens sind zwischen sechs und acht Kinder in einer Prüfungsgruppe.

Wie lange dauert die Prüfung?

In jeder Reitschule läuft die Prüfung ein bisschen unterschiedlich ab, meistens aber wird sie unterteilt in einen Theorie-Teil und einen Praxis-Teil – das Reiten. Manchmal macht man auch erst ein bisschen Theorie, dann wird geritten, dann werden noch einmal vom Prüfer ein paar Fragen gestellt. Insgesamt dauert die Prüfung mit kleinen Pausen zwischendurch ungefähr zwei bis drei Stunden.

Wer darf prüfen?

Der Prüfer muss die sogenannte Fachübungsleiterlizenz haben. Meistens dürfen sogar die Reitlehrer, bei denen du den Lehrgang absolviert hast, die Reitabzeichenprüfungen abnehmen – das wird aber fast nie gemacht. Es ist besser, wenn der Lehrgangsleiter für die Kinder da ist und sie unterstützt, und ein Prüfer extra für die Prüfung anreist.

Theorie – was wird man gefragt?

Früher musste man in der Theorieprüfung vieles – wie die Bestandteile einer Trense oder den Inhalt einer Putzkiste – einfach nur aufzählen – wer also gut auswendig lernen konnte, war auf der sicheren Seite.

Heute ist das anders: In der Prüfung musst du beweisen, dass du nicht nur vieles über Pferde weißt, sondern dass du sicher mit dem Pferd umgehen und dies auch praktisch zeigen kannst. Du musst also zum Beispiel wissen, wie man ein Pferd führt und worauf man dabei achten soll – und dies richtig machen.

Oder du musst wissen, welche Dinge in einen Putzkasten gehören – diese aber nicht einfach auswendig aufzählen, sondern eher die Frage beantworten: „Darf man mit einer Wurzelbürste den Schweif bürsten?" (Die Antwort auf diese Frage findest du auf Seite 34). Oder du musst die Frage beantworten, woran man erkennt, dass ein Pferd gerade schlechte Laune hat (Seite 19). Oder du wirst vom Prüfer gebeten, dein Pferd aufzutrensen und dabei zu erklären, was du tust. Vielleicht will er wissen, welchen Riemen du zuerst schließen solltest: den Kehlriemen oder den Nasenriemen (Seite 38).

Das Reiten – wie lange reitet man und was wird verlangt?

Je nachdem, ob du das Reitabzeichen 10, 9, 8 oder 7 machst, werden unterschiedliche Dinge beim Reiten verlangt:

RA 10: Reiten an der Longe oder hintereinander im Schritt und Trab, auch das Reiten am Führzügel auf dem Außenplatz oder im Gelände im Schritt und Trab kann vorkommen.

RA 9: Reiten in der Gruppe im Schritt, Trab und Galopp, vielleicht, wenn es vorher geübt wurde, auch eine Runde Einzelgalopp. Es kann auch sein, dass du mit der Gruppe auf dem Außenreitplatz reitest.

RA 8: Reiten in der Gruppe nach Anweisung deines Lehrgangsleiters im Schritt, Trab und Galopp. Dazu leichter Sitz und Reiten über Stangen und Cavaletti.

RA 7: Reiten einzeln, zu zweit oder in der Gruppe mit Grußaufstellung, diverse Hufschlagfiguren, Bügel überschlagen im Trab, Reiten über Cavaletti, ein kleiner, niedriger Parcours (Hindernishöhe ca. 50 cm).

Geritten wird das, was vorher im Lehrgang geübt wurde, und das praktische Reiten vor dem Richter dauert ungefähr 20 Minuten bis zu einer halben Stunde. Es kann passieren, dass der Richter dich auch beim Reiten etwas fragt, zum Beispiel: „Auf welcher Hand reitest du gerade?" oder „Kannst du mir zeigen, wie man durch die ganze Bahn wechselt?"

Prüfung immer in der Gruppe

Oft ergänzen sich also Theorie und Praxis. In vielen Reitschulen läuft es so ab, dass zum Beispiel ein Kind das Pferd aus der Box holt, ein anderes Kind das Pferd zum Putzplatz bringt, wieder ein anderes Kind das Pferd anbindet und das nächste Kind dann beim Satteln hilft (das musst du ganz am Anfang noch nicht allein können).

Du musst also zeigen, dass du ein Pferd einschätzen und mit ihm umgehen kannst. Die Fragen, die der Prüfer dann stellt, stellt er normalerweise an alle – wenn du etwas weißt, kannst du dich wie in der Schule melden. Die Fragen kommen aus den Bereichen **Haltung, Fütterung, Ausrüstung, Putzen, Umgang mit dem Pferd, Tierschutz, Bahnfiguren und -regeln und Hilfengebung** – alles Themen, die du in diesem Buch nachlesen und üben kannst und ganz sicher auch in deinem Lehrgang alle schon einmal gehört hast.

Kleiderordnung

Du kennst es vielleicht von Turnieren: Dort sind alle Reiter für die Prüfungen schwarz-weiß gekleidet. Bei den ersten Reitabzeichenprüfungen ist dies noch nicht üblich. Frag deinen Lehrer, wie dies bei deiner Prüfung abläuft! Meist reicht es aus, wenn du deine saubere Reitkleidung anziehst. Eine Reitkappe ist zwingend erforderlich!

Kann man durchfallen?

Bei jeder Prüfung ist es möglich durchzufallen, aber daran solltest du gar nicht denken. Denn wenn dein Lehrgangsleiter dich zur Prüfung anmeldet, dann ist er sicher, dass du alles kannst und weißt, um diese Prüfung sicher zu bestehen.

Und wenn ich eine Frage nicht beantworten kann?

Das kann jedem passieren und ist überhaupt nicht schlimm. Wenn du etwas nicht weißt, kannst du ruhig sagen: „Das weiß ich nicht", „Das habe ich vergessen" oder „Das haben wir nicht durchgenommen". Bei einer Prüfung muss man nicht alles wissen – man kann auch noch etwas lernen! Darum kannst du auch ruhig sagen: „Das weiß ich nicht, – können Sie es mir erklären?" Achte darauf, dass du danach versuchst, dich bei anderen Fragen zu beteiligen und zu antworten!

Gibt es Noten?

Nein, es gibt nur die Formulierung „Bestanden" oder „Nicht bestanden", aber keine einzelnen Noten. Jeder, der bestanden hat, erhält eine **Urkunde** vom Prüfer und eine kleine **Anstecknadel**.

TIPP

Schaue deinem Prüfer in die Augen, wenn du ihm eine Frage beantwortest oder wenn er dich direkt anspricht, um dich etwas zu fragen oder dir etwas zu erklären. Schau ihn auch an, wenn er dir am Ende des Prüfungstages zur bestandenen Prüfung gratuliert und dir die Hand schüttelt!

Was kostet die Prüfung?

Prüfung und Lehrgang sind meistens kombiniert. Ein Reitlehrgang für fünf Tage oder eine Woche kostet zwischen 100 und 400 Euro inklusive Prüfung, je nachdem, was alles darin enthalten ist: Ob es mit oder ohne Übernachten ist, ob mit oder ohne Mahlzeiten usw. Üblich sind im Lehrgang zwei Reitstunden pro Tag auf einem Schulpferd und täglicher Theorie-Unterricht. Wenn du einen Lehrgang machen möchtest, frage gemeinsam mit deinen Eltern nach, wie viel er kostet und was alles darin enthalten ist.

HUFEISEN

Danke sagen

Wenn du deine Prüfung erfolgreich hinter dich gebracht hast, fällt dir bestimmt ein Stein vom Herzen und du bist stolz auf deine Leistung. Das kannst du auch sein! Doch vergiss deinen Partner nicht – dein Pferd. Vielleicht hast du noch eine Möhre oder einen Apfel übrig?

DIE ABZEICHEN

REITABZEICHEN 10 BIS 7

Die Prüfungen für Reiter bestehen aus bis zu fünf Teilaufgaben, je nachdem, ob du das Reitabzeichen 10, 9, 8 oder 7 machst: 1) Reiten auf dem Viereck in der Abteilung, 2) Grundwissen über Pferde, Haltung, Pflege, Verhalten, Ausrüstung, Tierschutz, 3) Bodenarbeit, 4) Reiten im Gelände (je nach Möglichkeit) und 5) Springen (RA 7). In einem vorbereitenden Kurs erfährst du genau, wie die jeweilige Prüfung ablaufen wird.

VOLTIGIERABZEICHEN 10 BIS 7

Die Prüfungen für Voltigierer bestehen aus bis zu zwei Teilaufgaben: 1) Grundwissen über Pferde, Haltung, Pflege, Verhalten, Ausrüstung, Tierschutz und 2) Voltigierlehre mit den grundlegenden Voltigierübungen und der Bahnordnung. Dein Ausbilder oder deine Ausbilderin wissen, was geprüft wird, und bereiten dich gut auf die Prüfung vor.

FAHRABZEICHEN 10 BIS 7

Die Prüfungen für Fahrer bestehen aus bis zu drei Teilprüfungen: 1) Grundwissen über Pferde, Haltung, Pflege, Verhalten, Ausrüstung, Tierschutz, 2) Vorbereitung des Pferdes zum Fahren, Pflege, Mithilfe beim Anschirren / Anspannen, Grundkenntnisse der Geschirrkunde und 3) Bodenarbeit wie beim Reitabzeichen.

Klasse 10: früher
Steckenpferd

Klasse 9: früher
Kleines Hufeisen

Klasse 8: früher
Großes Hufeisen

Rätselauflösung

1. Schecken
2. Krone
3. Ponyrassen
4. Rappe
5. Falabella
6. Haflinger
7. Esel

A. Brauner
B. Schimmel
C. Fuchs
D. Schecke
E. Rappe

Von innen nach außen:
Genickstück
Backenstücke
Stirnriemen
Kehlriemen
Reithalfter
Nasenriemen
Kinnriemen
Gebiss
Zügel

1. Reitkappe
2. Reithandschuhe
3. Gerte
4. Reitstiefel
5. Sicherheitsweste
6. Sporen

Aufsatteln:
1, 3, 4, 7, 5, 2, 6

1 Tasthaare
2 Leittier
3 Rangfolge
4 Herde
5 Fluchttiere
6 Körpersprache

1	b
2	a
3	a
4	a
5	a
6	b
7	b

Waagerecht:
Gewichtshilfen, Takt, Durchparieren, Aufsitzen
Senkrecht:
Hilfengebung, Galopp, Gangart, Anreiten, Treiben, Zügel

1	F
2	D
3	A
4	B
5	G
6	E
7	C

+
Leckerli
Bananen
Mandarinen
hartes Brot
Karotten
Äpfel

−
Bonbons
verschimmeltes
Brot
Würstchen
Schokolade
Kaugummi

Heu, Hafer
Wasser,
Krippe
Müsli, Möhren,
Äpfel,
Leckerlis,
Schokoküsse

1. **Regel:** *„Tür frei" rufen beim Betreten der Reitbahn.*
2. **Regel:** *Im Schritt bleibt der erste Hufschlag immer frei.*
3. **Regel:** *Linke Hand hat in Trab und Galopp Vorfahrt.*
4. **Regel:** *„Ganze Bahn" hat Vorrang vor dem Zirkel.*
5. **Regel:** *Es wird immer innen überholt.*
6. **Regel:** *Linke Hand hat Vorrang.*
7. **Regel:** *„Hufschlag frei, bitte" rufen und auf Antwort warten.*

a. **Mähnenkamm**
b. **Bandagen**
c. **Zöpfe**
d. **Hufkratzer**

Hufkratzer
Schweißmesser
Wurzelbürste
Kardätsche
Striegel
Kamm
Schwamm

Seite 34
A6, B3, C2, D1, E5, F4

Waagerecht:
Oxer, Steilsprung, Tete
Senkrecht:
Leichter Sitz, Parcours, Stange

Lösung: AUSRITT

Ausritt, Reitbahn,
Gelände, Gruppe,
Tetenreiter,
Galopp, Straße,
Zügel,
auszureiten

Bildnachweis

Mit je einem Farbfoto von Kseniya Abramova / fotolia (Seite 8 oben), Nadine Haase / fotolia (Seite 5 unten), mates / fotolia (Seite 15 unten), Cornelia Pretzsch / fotolia (Seite 69) Theheijt / fotolia (Seite 27 oben), Caroline Vergnes / fotolia (Seite 13 unten), 45 Farbfotos von Horst Streitferdt / Kosmos (Seite 1, 6, 8 Mitte u. unten, 11, 13 oben, 14, 16, 17, 18, 19, 21, 22, 32, 41, 48, 49 links, 67, 77 (Pokal), 78 Mitte u. unten), 34 Farbfotos von Pauline von Hardenberg / Kosmos (Seite 23, 25, 29, 30, 31, 37, 38, 40, 42, 45, 49 oben rechts, 52, 53, 55, 57, 58, 59, 66, 68, 73, 75, 76, 77, 78 oben).

Mit 43 Illustrationen von Esther von Hacht (Seite 3, 5, 9, 23, 29, 33, 34, 35, 39, 43, 46, 50, 51, 57, 60, 61, 65, 66, 47, 79, Spielplan, Vorsatz / Nachsatz).

Layout-Elemente

aldorado / fotolia (Papiere), atoss / fotolia (Bananen), ayutarou-papa / fotolia (Papiere, Klemmbrett, Bleistift), camel product / fotolia (Vignetten), dresden / fotolia (Reitstiefel), DS-Visionen / fotolia (Pferdekopf), ferkelraggae / fotolia (Holzrahmen), fotolia (Hanfstrick), iStock (Blumenranke), Natika / fotolia (Möhren, Mandarine), ntnt / fotolia (Reiter-Silhouetten), photocase (Knöpfe), pizuttipics / fotolia (Hufeisen), proffelice / fotolia (Papiere), Sharpshot / fotolia (Ringbuch), Horst Streitferdt / Kosmos (Führstrick, Gerte, Halfter, Hütchen, Pokal, Reithelm, Stiefeletten, Striegel, Weste), Tim UR / fotolia (Äpfel), Esther von Hacht (Stangen), Pauline von Hardenberg / Kosmos (Hafer), Guido Vrola / fotolia (Schleife), WoGi / fotolia (Vichy-Stoff).

Impressum

Umschlaggestaltung von Weiß-Freiburg GmbH – Graphik & Buchgestaltung unter Verwendung von Farbfotos von Gorilla / fotolia (Reiterinnen Vorder- und Rückseite), dresden / fotolia (Reitstiefel), Guido Vrola / fotolia (Schleife), WoGi / fotolia (Vichy-Stoff), fotolia (Hanfstrick) und Horst Streitferdt / Kosmos (Pokal).

Unser gesamtes lieferbares Programm und viele weitere Informationen zu unseren Büchern, Spielen, Experimentierkästen, DVDs, Autoren und Aktivitäten findest du unter **kosmos.de**

Gedruckt auf chlorfrei gebleichtem Papier

MIX
Papier aus verantwortungsvollen Quellen
FSC® C020056

© 2014, Franckh-Kosmos Verlags-GmbH und Co. KG, Stuttgart
Alle Rechte vorbehalten
ISBN 978-3-440-13689-8
Redaktion: Gudrun Braun
Gestaltungskonzept und Satz: Weiß-Freiburg GmbH – Graphik & Buchgestaltung
Produktion: Verena Schmynec
Printed in China / Imprimé en Chine

1

Wie nennt man die weißen Flecken am Kopf und den Beinen?

a) Man nennt sie Aufzeichnungen.

b) Sie heißen Abzeichen.

c) Die Flecken nennt man Hingucker.

Antwort b ist richtig.

2

Welche Pferderasse gehört nicht zu den Warmblütern?

a) Holsteiner

b) Shire Horse

c) Hannoveraner

Antwort b ist richtig.

3

Was versteht man unter dem „Gebäude" eines Pferdes?

a) Die Art, wie seine Beine gewachsen sind.

b) Das ist der Stall, in dem es lebt.

c) Damit ist der Körperbau des Pferdes gemeint.

Antwort c ist richtig.

4

Welchen Knochen gibt es NICHT beim Pferd?

a) Vorderfußwurzelgelenk

b) Schlüsselbein

c) Nasenbein

Antwort b ist richtig.

9

Warum können Pferde seitwärts gucken ohne den Kopf zu wenden?

a) Sie können nicht seitwärts gucken, sondern nur nach vorne.

b) Damit sie viele Futter- und Nahrungsquellen finden können.

c) Um mögliche Gefahren oder „Feinde" rechtzeitig zu erkennen.

Antwort c ist richtig.

10

Warum schlagen Pferde beim Reiten mit dem Schweif?

a) Der Reiter ist ihnen zu schwer.

b) Sie zeigen auf diese Weise, dass sie sich unter dem Reiter unwohl fühlen.

c) Sie gleichen so Schwankungen aus.

Antwort b ist richtig.

11

Sind alle Pferde in einer Herde eigentlich gleichberechtigt?

a) Ja, wie bei den Musketieren: Einer für alle, alle für einen.

b) Nein, es gibt eine Rangordnung mit Alphatier.

c) Nein, es gibt ein Alphatier. Danach sind aber alle gleichberechtigt.

Antwort b ist richtig.

12

Was bedeutet es, wenn ein Pferd seine Ohren eng anlegt?

a) Das Pferd hat hinter sich ein Geräusch gehört.

b) Das Pferd freut sich.

c) Das Pferd zeigt an, dass es angreifen oder sich verteidigen wird.

Antwort c ist richtig.

5

Wie viele verschiedene Pferde- und Ponyrassen gibt es auf der Welt?

a) Es gibt genau 280 Rassen weltweit.

b) Es gibt nur Schätzungen – ungefähr sind es 320 Rassen.

c) 150 Ponyrassen und 250 Pferderassen gibt es insgesamt

Antwort c ist richtig.

7

Wie alt werden Pferde im Durchschnitt?

a) Die meisten Pferde werden 10 bis 20 Jahre alt.

b) Die meisten Pferde werden 20 bis 30 Jahre alt.

c) Die meisten Pferde werden 50 bis 60 Jahre alt.

Antwort b ist richtig.

6

Was ist das „Stockmaß" eines Pferdes?

a) Die Länge eines Pferdes von Kopf bis Kruppe, gemessen mit einem Stock.

b) Die Größe des Pferdes, gemessen vom Boden bis zum Widerrist.

c) Die Schweiflänge des Pferdes.

Antwort b ist richtig.

8

Was wird als Kruppe bezeichnet?

a) Der Trog, aus dem Pferde fressen.

b) Der hintere Teil des Sattels.

c) Der hintere Teil des Pferderückens.

Antwort c ist richtig.

13

Was bedeutet es, wenn ein Pferd sich häufig mit dem Kopf zum Bauch wendet?

a) Das Pferd will gucken, ob dort Fliegen seinen Bauch kitzeln.

b) Das Pferd hat Bauchschmerzen und zeigt dies an.

c) Das Pferd will seine Rippen zählen.

Antwort b ist richtig.

15

Können Pferde schwimmen?

a) Ja, die Fähigkeit des Schwimmens ist den Pferden angeboren.

b) Ja, aber erst, nachdem sie einen speziellen Schwimmkurs gemacht haben.

c) Nein, Pferde sind viel zu schwer zum Schwimmen.

Antwort a ist richtig.

14

Wie nennt man es, wenn ein Pferd Schmerzen beim Laufen hat?

a) Das Pferd humpelt.

b) Das Pferd hüpft.

c) Das Pferd lahmt.

Antwort c ist richtig.

16

In welchem Alter sind Pferde ausgewachsen?

a) Die meisten Pferde sind mit rund fünf Jahren ausgewachsen.

b) Genau wie der Mensch ist das Pferd mit etwa 18 Jahren ausgewachsen.

c) Schon mit drei Jahren hat ein Pferd seine endgültige Größe erreicht.

Antwort a ist richtig.

17

Welches sind die beiden wichtigsten Futtermittel für Pferde?

a) Brot und Möhren

b) Möhren und Heu

c) Heu und Hafer

19

Wie oft am Tag sollten Pferde etwas zu fressen bekommen?

a) Einmal am Tag eine große Menge ist genau richtig.

b) Das Pferd soll kleine Mengen fressen – mindestens dreimal täglich.

c) Am besten ist es, alle zwei Stunden eine Handvoll Heu und Hafer zu füttern.

18

Warum wälzen sich Pferde im Staub bzw. Dreck?

a) Weil sie verspielt sind und gerne mit Artgenossen spielen.

b) Weil sie den Menschen ärgern wollen, der das Pferd grade geputzt hat.

c) Um ihre Haut von Schmutz, Ungeziefer und losen Haaren zu befreien.

20

Darf man Pferde auch allein halten?

a) Auf keinen Fall! Pferde sind Herdentiere.

b) Niemals! Ein Pferd allein würde vom Gras auf der Wiese viel zu fett werden.

c) Kein Problem, Pferde sind Einzelgänger und kommen gut klar allein.

25

Warum darf man im Reitstall nicht rennen und toben?

a) Weil Pferde Angst vor hektischen Bewegungen und Lärm haben.

b) Weil die Erwachsenen im Reitstall keinen Lärm mögen.

c) Weil viele Pferde tagsüber schlafen und man sie wecken würde.

27

Warum muss man im Umgang mit Pferden feste Schuhe tragen?

a) In Sommersandalen würde man dreckige Füße bekommen.

b) Weil man ständig durch Mist oder Pfützen laufen muss.

c) Weil die Verletzungsgefahr groß ist, falls einem ein Pferd mal auf die Füße tritt.

26

Warum darf ich nicht hinter dem Pferd stehen?

a) Das Pferd ist der Chef und geht vor mir.

b) Es muss sich dann zu mir umdrehen müsste.

c) Es muss hinter mir gehen und aufpassen, dass es mir nicht in die Hacken tritt.

28

Muss das Pferd beim Führen vor, hinter oder neben mir gehen?

a) Weil das Pferd hinten keine Augen hat.

b) Weil es sich dann zu mir umdrehen müsste.

c) Falls sich das Pferd erschreckt, könnte es hinten ausschlagen und mich treffen. Das ist zu gefährlich.

23

Was ist eine Matratzenstreu?

a) Wenn unter dem Stroh alte Matratzen verteilt werden.

b) Wenn eine Art Matratze aus älterem, trockenem Stroh gebildet wird.

c) Wenn das nasse Stroh und die Äppel eine Woche lang nicht ausgemistet werden.

Antwort b ist richtig.

21

Wie viel Wasser trinkt ein Pferd pro Tag?

a) Ungefähr drei Liter

b) Zwischen 25 und 50 Liter

c) Ungefähr 100 Liter

Antwort b ist richtig.

24

Wie sollte die Temperatur im Stall sein?

a) Immer ungefähr so wie draußen, nur ziehen darf es nicht.

b) Pferde fühlen sich am wohlsten in einem ungefähr 25 Grad warmen Stall.

c) Am besten immer um 10 Grad, denn ihr Fell wärmt sie genug.

Antwort a ist richtig.

22

Wie sollte das Rauhfutter, also Heu, Heulage oder Stroh, gefüttert werden?

a) Es wird in Kopfhöhe in die Krippe gelegt.

b) Es hängt an einem zwei Meter hoch angebrachten Netz.

c) Es liegt am Boden, weil dies die natürliche Fresshaltung des Pferdes ist.

Antwort ist richtig.

31

Bevor ich ein Pferd aus der Box hole, ...

a) locke ich es mit einem Apfel, so dass es sich zu mir umdreht.

b) spreche ich es an und klopfe es dann auf die Kruppe, die es mir zudreht.

c) klopfe ich an die Boxentür, um mich auf mich aufmerksam zu machen.

Antwort a ist richtig.

29

Was benutze ich, um dem Pferd den Schweif zu säubern?

a) Eine Wurzelbürste

b) Einen Kamm

c) Nur meine Hände, denn Schweife sollten nicht gebürstet werden.

Antwort c ist richtig.

32

Was versteht man beim Pferd unter „frisieren"?

a) Die Mähne wird geschoren.

b) Die Mähne wird verzogen und der Schweif geschnitten.

c) Die Mähne wird zu Zöpfen geflochten.

Antwort c ist richtig.

30

Muss ich das Gebiss nach dem Reiten waschen?

a) Nein, Pferde mögen sogar ihre getrocknete Spucke vom Vortag.

b) Ja, mit Seife!

c) Ja, damit nichts am Gebiss antrocknet, das das Maul beim nächsten Reiten verletzen könnte.

Antwort c ist richtig.

35
Warum sollte man beim Führen eines Pferdes Handschuhe tragen?

a) Ohne Handschuhe verletzt man sich schneller.

b) Pferde stauben und sind oft dreckig. Mit Handschuhen bleiben die Hände sauber.

c) Handschuhe trägt man nur im Winter, weil es kalt ist.

Antwort a ist richtig.

33
Was ist eine Longe?

a) Eine Longe ist ein anderes Wort für den Sattelgurt.

b) Eine Longe ist eine lange Leine, an der das Pferd läuft.

c) Eine Longe ist eine Bürste, mit der der Pferdekopf geputzt wird.

Antwort b ist richtig.

36
Wie stellt man die richtige Bügellänge für sich ein?

a) Man misst die Beinlänge und macht die Bügelriemen genau so lang.

b) Man macht die Bügelriemen so lang wie die eigene Armlänge.

c) Die Länge vom Fuß zum Knie ist maßgeblich.

Antwort b ist richtig.

34
Wenn das Pferd in der Box steht, dann ...

a) sollte man es zuerst satteln, danach auftrensen.

b) sollte man zuerst auftrensen, danach den Sattel auflegen.

c) braucht man keine Regel zu beachten.

Antwort c ist richtig.

43
Was bedeutet „durchparieren"?

a) Das Pferd muss immer gehorchen, dann ist es ein durchpariertes Pferd.

b) Ein durchpariertes Pferd ist ein geputztes Pferd.

c) Eine Parade hilft, das Pferd anzuhalten. Durchparieren heißt langsamer werden.

Antwort c ist richtig.

41
Was versteht man darunter, ein Pferd zu „lösen"?

a) Das ist ein anderes Wort für „äppeln".

b) Lösen ist der Fachbegriff für das Aufwärmen des Pferdes am Anfang der Reitstunde.

c) Unter Lösen versteht man, alle Schnallen von Sattel und Trense zu öffnen.

Antwort b ist richtig.

44
Welche Arten von „Hilfen" kennst du?

a) Schenkel- und Zügelhilfen

b) Gewichts- und Zügelhilfen, Gerten- und Sporenhilfen

c) Gewichts-, Schenkel- und Zügelhilfen

Antwort c ist richtig.

42
Wozu dienen Sporen?

a) Mit ihnen bestraft man Pferde.

b) Zum Verfeinern der treibenden Hilfen.

c) Man benutzt sie für besonders dicke Pferde, da sie durch ihre Fettschicht sonst die treibenden Hilfen nicht spüren.

Antwort b ist richtig.

39

Was schließt man beim Auftrensen zuerst – Kehl- oder Nasenriemen?

a) Den Nasenriemen, damit Pferde nicht darauf herumbeißen.

b) Den Kehlriemen, damit die Trense nicht mehr vom Pferdekopf rutschen kann.

c) Den Kehlriemen, weil er der schmalere Riemen ist.

37

Was heißt „Auskammern"?

a) Man zieht die Satteldecke am Widerrist hoch, damit sie dort nicht drückt.

b) Man holt das Sattelzeug aus der Sattelkammer.

c) Man fegt die Sattelkammer sauber.

40

Wie legt man den Sattel richtig auf?

a) Von hinten nach vorne, so fühlt man, wann er an die Schulter stößt.

b) Von vorne nach hinten, damit das Fell unter dem Sattel schön glatt ist.

c) Von rechts nach links, damit er am Ende gut in der Mitte liegt.

38

Braucht jedes Pferd Gamaschen?

a) Ja, das ist so vorgeschrieben.

b) Kein Pferd braucht je Gamaschen.

c) Wenn Pferde beschlagen sind, können sie sich leicht verletzen. Darum tragen diese Pferde meistens Gamaschen.

47

Mit welchen Hilfen pariere ich vom Trab zum Schritt durch?

a) Mit den Zügelhilfen – ich ziehe am Zügel und das Pferd bremst.

b) Mit meinem Gewicht – ich lehne mich nach hinten und das Pferd bremst.

c) Mit Zügel-, Gewichts- und Schenkelhilfen gleichzeitig.

45

Was ist eine ganze Parade?

a) Wenn der Reiter sein Pferd zum Halten durchpariert.

b) Wenn eine Reitergruppe von zehn Leuten nach Musik reitet.

c) Wenn eine ganze Stunde lang Paraden zum Halten geübt werden.

48

Was ist „Handgalopp"?

a) Ein einhändig gerittener Galopp.

b) Wenn das Pferd auf der rechten Hand Rechtsgalopp und auf der linken Hand Linksgalopp geht.

c) Wenn das Pferd auf Handzeichen des Reitlehrers angaloppiert.

46

Was heißt „leichttraben"?

a) Der Reiter steht im Takt des Trabs auf und setzt sich wieder hin.

b) Der Reiter macht sich im Trab leicht, indem er sich in die Bügel stellt.

c) Leichttraben ist, wenn das Pferd besonders langsam und leichtfüßig trabt.

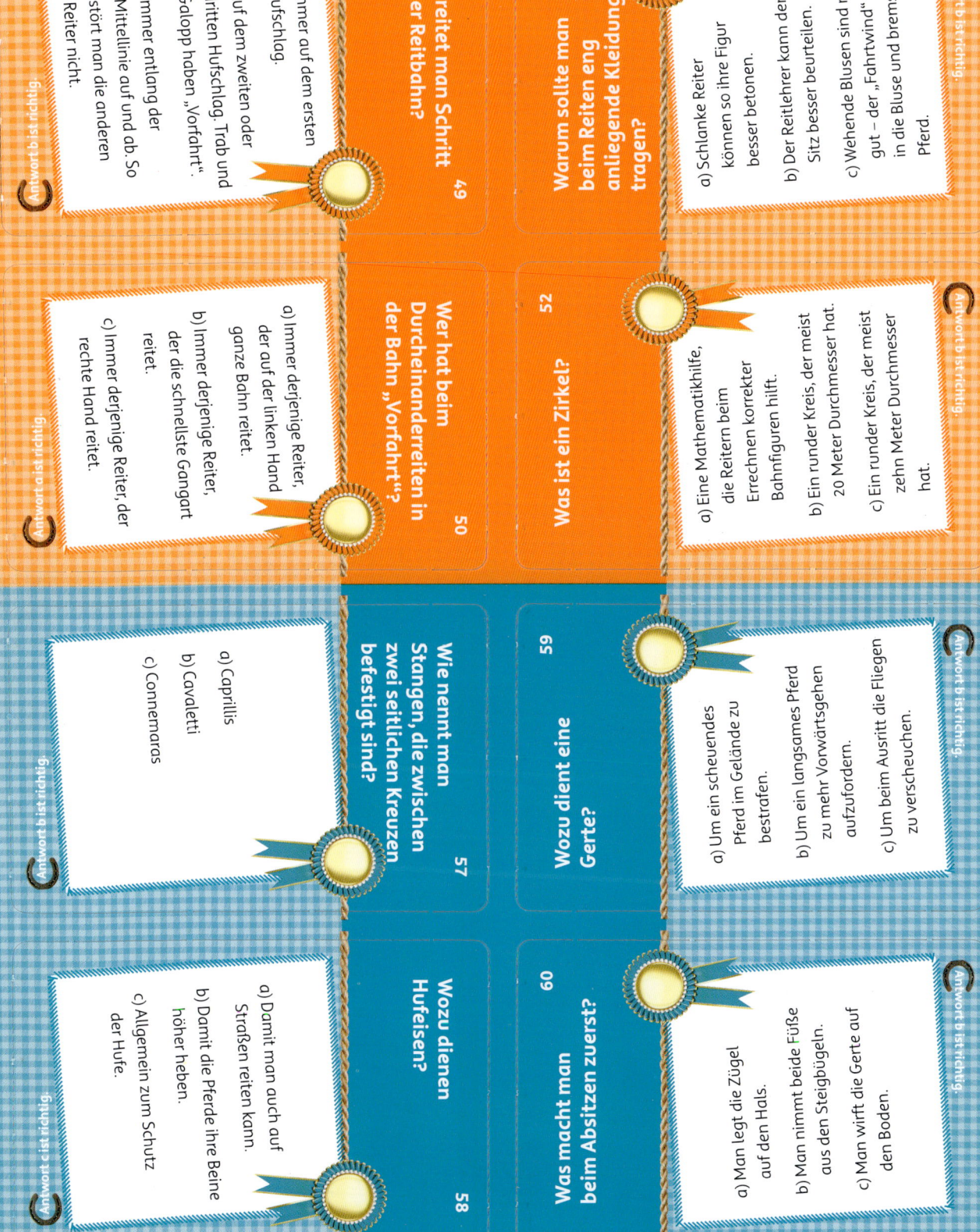

49 — Wo reitet man Schritt in der Reitbahn?
a) Immer auf dem ersten Hufschlag.
b) Auf dem zweiten oder dritten Hufschlag. Trab und Galopp haben „Vorfahrt".
c) Immer entlang der Mittellinie auf und ab. So stört man die anderen Reiter nicht.

Antwort b ist richtig.

51 — Warum sollte man beim Reiten eng anliegende Kleidung tragen?
a) Schlanke Reiter können so ihre Figur besser betonen.
b) Der Reitlehrer kann den Sitz besser beurteilen.
c) Wehende Blusen sind nicht gut – der „Fahrtwind" bläst in die Bluse und bremst das Pferd.

Antwort b ist richtig.

50 — Wer hat beim Durcheinanderreiten in der Bahn „Vorfahrt"?
a) Immer derjenige Reiter, der auf der linken Hand ganze Bahn reitet.
b) Immer derjenige Reiter, der die schnellste Gangart reitet.
c) Immer derjenige Reiter, der rechte Hand reitet.

Antwort a ist richtig.

52 — Was ist ein Zirkel?
a) Eine Mathematikhilfe, die Reitern beim Errechnen korrekter Bahnfiguren hilft.
b) Ein runder Kreis, der meist 20 Meter Durchmesser hat.
c) Ein runder Kreis, der meist zehn Meter Durchmesser hat.

Antwort b ist richtig.

57 — Wie nennt man Stangen, die zwischen zwei seitlichen Kreuzen befestigt sind?
a) Caprillis
b) Cavaletti
c) Connemaras

Antwort b ist richtig.

59 — Wozu dient eine Gerte?
a) Um ein scheuendes Pferd im Gelände zu bestrafen.
b) Um ein langsames Pferd zu mehr Vorwärtsgehen aufzufordern.
c) Um beim Ausritt die Fliegen zu verscheuchen.

Antwort b ist richtig.

58 — Wozu dienen Hufeisen?
a) Damit man auch auf Straßen reiten kann.
b) Damit die Pferde ihre Beine höher heben.
c) Allgemein zum Schutz der Hufe.

Antwort c ist richtig.

60 — Was macht man beim Absitzen zuerst?
a) Man legt die Zügel auf den Hals.
b) Man nimmt beide Füße aus den Steigbügeln.
c) Man wirft die Gerte auf den Boden.

Antwort b ist richtig.

55

Was ruft man, wenn man auf dem Hufschlag anhalten will?

a) „Achtung, ich halte gleich an!"

b) „Bahn frei, bitte!"

c) „Hufschlag frei, bitte!"

Antwort c ist richtig.

53

Was ist eine Volte?

a) Ein Kreis, der kleiner ist als ein Zirkel – er hat ungefähr zehn Meter Durchmesser.

b) Das ist die Grundübung im Voltigieren.

c) So heißt beim Reiten in der Abteilung das Abwenden auf die Mittellinie.

Antwort a ist richtig.

56

Wie heißt der Mittelpunkt der Reitbahn?

a) M wie Mittelpunkt.

b) Der Bahnmittelpunkt heißt X.

c) Der Mittelpunkt der Reitbahn hat keinen Buchstaben.

Antwort b ist richtig.

54

Wie sagt man, wenn die Abteilung auf der rechten Hand eine Volte reitet?

a) „Abteilung – rechts dreht, marsch!"

b) „An der nächsten langen Seite eine Volte!"

c) „Abteilung – Volte – marsch!"

Antwort c ist richtig.

61

Welcher der folgenden Sprünge ist ein „Hochweitsprung"?

a) Wassergraben

b) Wall

c) Triplebarre

Antwort c ist richtig.

63

Wann bleibt der Po im Sattel?

a) Im Grundsitz

b) Im leichten Sitz

c) Im Rennsitz

Antwort a ist richtig.

62

Was ist eine „Kombination" im Springen?

a) Das sagt man, wenn Pferd und Reiter alles richtig gemacht haben.

b) Eine Folge von zwei Hindernissen mit einem oder zwei Galoppsprüngen Abstand.

c) Wenn ein Sprung über einen Graben gebaut ist.

Antwort b ist richtig.

64

Darf man im Straßenverkehr am hingegebenen Zügel reiten?

a) Ja, wenn man sein Reitabzeichen hat.

b) Nein, weil immer eine unerwartete und für das Pferd erschreckende Situation entstehen kann.

c) Nein, dann halten die Pferde an und fressen Gras.

Antwort b ist richtig.

Mein fabelhaftes Lieblingsbuch über

PFERDE und REITEN

Nur für echte PFERDE-FANS

Echt nix für Jungs!

REITSCHULE

PFERDEWISSEN

MAXIS BASTELEIEN

MAXIS TAGEBUCH

104 Seiten, ca. €/D 16,99
ISBN 978-3-440-15167-9

Nur für echte PFERDE-FANS

Hallo, ich bin Maxi.

Bist du genauso pferdeverliebt wie ich und möchtest alles über Pferde und Ponys wissen? Dann bist du hier genau richtig! Du erfährst die wichtigsten Dinge über deine geliebten Vierbeiner: Wie sie leben und aufwachsen, was sie fressen, wie man sie richtig pflegt und natürlich auch alles übers Reiten lernen.

Magst du bei den Reiterabenteuern dabei sein, die ich mit meinem Lieblingspony Hobbit erlebt habe?

Mit den Tests findest du heraus, was für ein Reitertyp du bist und welches Pferd zu dir passt.

Mit vielen tollen Extras!